Daniela Fehring

Wie erfolgreich ist Ihr M&A in China?

Books on Demand

Daniela Fehring

WIE ERFOLGREICH IST IHR M&A IN CHINA?

Ein Leitfaden, damit Ihr M&A / PMI kein kostspieliges Abenteuer wird

Books on Demand

*Bibliografische Information der Deutschen Nationalbibliothek:
Die Deutsche Nationalbibliothek verzeichnet diese Publikation in der Deutschen Nationalbibliografie; detaillierte bibliografische Daten sind im Internet über http://dnb.dnb.de abrufbar.*

Herstellung und Verlag: BoD – Books on Demand, Norderstedt

ISBN: 9783732231690

MIX
Papier aus verantwortungsvollen Quellen
Paper from responsible sources
FSC® C105338

INHALT

VORWORT

Nach wie vor unterlaufen deutschen Unternehmen nach dem Kauf einer ausländischen Firma gravierende Fehler bei der ‚Post Merger Integration'. „Gottseidank!", so ist man als Berater versucht auszurufen. Nach Aussage von Johannes Gerds und Gerhard Schewe[1] verfehlen 62% der Investoren „die mit der Integration angestrebten Synergieziele" bzw. erreichen sie nur ansatzweise. Und diese Fehlerquote dürfte in China ähnlich hoch, wenn nicht höher sein!

Der Befund verweist auf eine fundamentale Fehlerquelle: **den harten Fakten einer Fusion widmet man sich bis ins letzte Detail, nicht aber den involvierten Menschen und (Unternehmens-)Kulturen**. Die Unterschiede zweier Firmen werden offenbar nicht als Risiko eingestuft. Diese Fahrlässigkeit rächt sich gerade in einem Land wie China. Hätte eine rechtzeitige Analyse den drohenden „culture clash" ins Visier genommen, wären die ehrgeizigen Synergieziele eines Mergers sicher zu erreichen gewesen, denn

---

[1] *„Post Merger Integration: Unternehmenserfolg durch Integration Excellence", S.8; Springer 2005.*

Deutsche und Chinesen können hervorragend miteinander arbeiten. Viele Fusionen wären sogar unschlagbar, wenn es gelänge, die beiderseitigen Stärken zu kombinieren!

Das langjährige Begleiten von Veränderungs-projekten deutscher Unternehmen in China lässt mich zu der Überzeugung kommen, dass der Schlüssel zum Erfolg eines M&A von zwei Dingen abhängt: einer gründlichen „cultural due diligence" durch einen Kultur-Analysten und einer strukturierten Begleitung der Post Merger Integration durch einen Kultur-Berater.

Dieses Buch richtet sich vornehmlich an zwei Gruppen:

- die Geschäftsführung, die einen M&A (*Merger and Acquisiton*) „einfädelt" und

- das *Post Merger Integration* (PMI) Management-Team, welches die Ziele der Fusion realisiert.

Der Weg zum Erfolg kann gerade in China sehr steinig sein. Das Reich der Mitte ist kein einfach zu kalkulierender Markt. Um den Überraschungen nicht hilflos ausgesetzt zu sein, ist eine intensive Beschäftigung mit den Faktoren Wirtschaft, Politik, Konkurrenz, etc. in diesem Land notwendig. Informationen darüber finden Sie im 1. Kapitel des vorliegenden Buches.

Das 2. Kapitel stellt die Herausforderungen der (Unternehmens-)Kulturen in den Vordergrund. Sind sie kompatibel, ergänzen sie sich oder ist ein heftiger „culture clash" aufgrund zu großer Unterschiede vorprogrammiert? In wie weit ersticken einzelne Personen oder Interessensgruppen den Enthusiasmus des M&A bereits im Kick-off? Welche Unternehmens- und Kommunikationsstrukturen fördern oder behindern den Erfolg der PMI maßgeblich?

Schon in der Verhandlungsphase eines M&A gibt es genügend Möglichkeiten, über Fallstricke aller Art zu straucheln. Das kann z.B. ein zu locker-unverbindlicher Einstieg in die Gespräche oder ein „Überfahren" des M&A-Kandidaten sein. Deshalb widmet sich das 3. Kapitel der Vorbereitungs- und Verhandlungsphase des M&A. Eine detaillierte „Cultural Due Diligence" ist dabei nicht nur „nice to have“, sondern ein „must“ für den Erfolg der Fusion. Der Chinesisch sprechende Kultur-Analyst untersucht, in wie weit sich die Unternehmens- und Arbeitskulturen ergänzen oder „streiten“. Diese Erkenntnisse fließen einerseits in die Verhandlungsgespräche ein und ermöglichen andererseits ein realistisches Bild der erreichbaren Synergieziele. Ein weiterer Schwerpunkt dieses Kapitels: je früher das PMI-Management in die Verhandlungen mit einbezogen wird, desto stichhaltigere Argumente hat es gegen mögliche Gegner des Integrationsprozesses.

Das 4. Kapitel zeigt auf, welche Maßnahmen eine PMI benötigt, um die ehrgeizigen Ziele des M&A zu realisieren. So ist zum Beispiel Vertrauen in China die Voraussetzung für Nachhaltigkeit. Wer jemals Teil eines Veränderungsprozesses war, weiß, wie rasant sich Unruhe und Ängste ausbreiten und damit den PMI scheitern lassen können. Damit die Weichen von Anfang an richtig gestellt werden, übernimmt der Kultur-Berater die Moderation des Veränderungsprozesses. Das gibt dem PMI-Management die Zeit, sich voll auf die Erreichung der „harten“ Ziele zu konzentrieren. Der Berater sorgt dafür, dass die Fusion kulturell mit Leben erfüllt wird, indem Identität stiftende Werte gemeinsam erarbeitet werden. Wichtige Erfolgsfaktoren für die PMI sind gegenseitiger Respekt und „mutual benefit" – ein Begriff, der gerade von den Chinesen immer ins Feld geführt wird.

Daniela Fehring, im Februar 2013.

KAPITEL 1

HERAUS-
FORDERUNG
CHINA:

EINE
STANDORT-
BESTIMMUNG

Die deutsch-chinesischen Wirtschaftszahlen imponieren!

Ist die Rede von Engagements in China, leuchten in den Augen von Unternehmern und Investoren Euro-Zeichen auf: "Wenn wir nur eine Zahnbürste, ein Auto oder einen Traktor an jeden dritten Chinesen verkaufen, wird sich das schon lohnen."

China als ‚Goldgrube' für deutsche Firmen? Tatsächlich entwickelt sich China zu einem der wichtigsten, wenn nicht gar zu *dem* Hauptabsatzmarkt für viele deutsche Unternehmen.

Die Zahlen sprechen für sich. 2011 legte VW auf dem größten **Automarkt** der Welt um knapp 18% zu und verkaufte erstmals über 2 Millionen Fahrzeuge. Mit anderen Worten: Fast jeder dritte VW ging an einen Chinesen. BMW verkaufte im selben Jahr 232.586 Autos, 37,6% mehr als im Vorjahr. Audi steigerte die Verkaufszahlen sogar um 89% im Vergleich zum Vorjahr und Mercedes hatte einen Zuwachs von 35%. Mit den Autobauern wuchsen auch die deutschen Automobilzulieferer vor Ort wie Bosch, Benteler und Continental.

Viessmann fing 2001 in Beijing mit **Heizboilern** an und legte dann 2011 mit kleinen Gaswandgeräten ein Wachstum von 50% hin. Der 'Trick': schicke digitale Anzeigen, die zu den Chinesen passen.

Die deutsche **Industrieroboter**-Branche konnte sich 2011 über einen um 300% gestiegenen Absatz freuen. So ist China für KUKA Robotics nach Deutschland schon der zweitgrößte Absatzmarkt.

Die deutschen Hersteller von **Landmaschinen** profitieren von der Landflucht Chinas. Die Zusammenlegung von Äckern und die zunehmend professionelle Bewirtschaftung sorgten 2011 für eine Absatzsteigerung von 70%.

Wegen des hohen Absatzbedarfs baute der **Chemie**riese BASF 2012 sein bestehendes Joint Venture in Nanjing aus. In Chongqing entsteht ein weiteres Werk, das 400.000 Tonnen Diphenylmethan-Diisocyanat produzieren wird und 2014 an den Start gehen soll.

Henkel investiert aus den gleichen Gründen in den Bau des weltweit größten **Klebstoff-werks** in Shanghai mit einem Volumen von jährlich 428.000 Tonnen Klebstoff. Schon jetzt erzielt das Unternehmen 42% des Gesamtumsatzes in den Wachstumsregionen Asien/ Pazifik und beschäftigt dort 53% seiner Mitarbeiter.

Doch ist der Markt wirklich so einfach zu erschließen, wie es die Zahlen glauben machen? Wo liegen die besonderen Herausforderungen in diesem „neuen Land der unbegrenzten Möglichkeiten"?

China durchläuft seit über 20 Jahren eine rasante Entwicklung von einer rückständigen und bettelarmen Diktatur hin zu einer modernen post-industriellen Gesellschaft und ist unter dem Präsidium von Wen und Hu (2002 bis 2012) zu einem der wichtigsten außereuropäischen Handelspartner der Deutschen aufgestiegen.

Nach einer erstaunlichen wirtschaftlichen Aufholjagd über die letzten 30 Jahre mit zweistelligen Wachstumsraten konsolidiert sich die Wirtschaft immer mehr. Dazu gehören auch Wachstumsabschwächungen wie in den ersten drei Quartalen 2012. Allerdings sind diese von kurzer Dauer, denn es gibt im riesigen Land der Mitte noch viel auf- und nachzuholen. Die einzelnen Regionen des Landes zeigen nach wie vor ein erhebliches wirtschaftliches Gefälle.

Die Regionen weisen extreme Unterschiede auf

Mit einer Landfläche von 9,6 Millionen Quadrat-kilometern ist China nach Russland und Kanada das drittgrößte Land der Erde. Zum Vergleich: der gesamte europäische Kontinent (von Portugal bis zum Ural) hat eine Oberfläche von 10,5 Mio. Quadratkilometern.

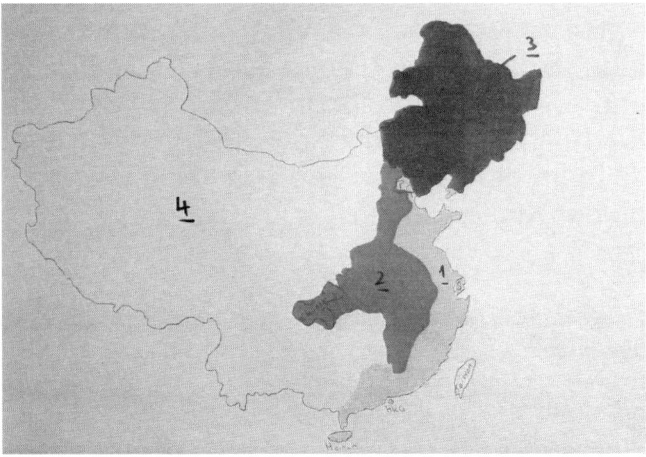

Die „Gold"küste (1)

Die Aussage von Deng Xiaoping – „Einige sollen zuerst reich werden" – ist an der Goldküste[2] sofort umgesetzt worden. Der Lebensstandard in Beijing, Tianjin, Shanghai, Xiamen, Guangzhou und Shenzhen ist mit dem europäischen vergleichbar. Die Region gilt bereits als „abgegrast": hohe Konkurrenzdichte, teure Produktionskosten und ein gnadenloser Wettkampf um wenige, gut ausgebildete Kandidaten machen es Neuankömmlingen schwer zu reüssieren.

„*2nd tier cities*": Das direkte Hinterland profitiert von der Küste (2)

Auch in der Mitte Chinas[3] hat man einen Wahlspruch Deng Xiaopings – „Egal ob eine Katze schwarz oder weiß ist, Hauptsache sie fängt Mäuse" – 1:1 umgesetzt. Einzelhandel und Unternehmen boomen in Städten wie Suzhou, Hangzhou und Nanjing nicht erst, seitdem die Arbeits- und Produktionskosten[4] an der Küste steigen.

---

[2] *Die Goldküste ist die dicht besiedeltste Region Chinas: Auf 50'000 km² drängen sich 10% der chinesischen Bevölkerung (115 Mio. Menschen). Das macht 350 Einwohner pro Quadratkilometer.*

[3] *Hier leben ca. 200 Einwohner pro Quadratkilometer.*

[4] *Zwischen 2006 und 2010 haben sich die Lohnkosten entlang der Küste verdoppelt.*

Der Nordosten: Die alte Industrie (3)
Der Nordosten[5], ursprünglich die Wiege der chinesischen Schwerindustrie, erlebt seit den 80er Jahren einen rasanten Niedergang. Grund dafür sind nicht nur die veralteten Technologien, sondern auch schlechtes Management. 2003 beschloss die Regierung ein umfangreiches Revitalisierungsprogramm, das erste Erfolge verzeichnet. An die Küstenregion oder die Mitte Chinas hat der Nordosten jedoch noch nicht aufgeschlossen.

Der weite, arme Westen (4)
Im Westen Chinas[6] wird die Entwicklung zwar fieberhaft von der Regierung vorangetrieben[7], doch profitieren davon nicht alle Provinzen gleichermaßen. Die Entwicklung von Tibet und Xinjiang hinkt sehr hinterher, während die Provinzhauptstädte Chengdu,

---

[5] *Im Nordosten leben ca. 140 Mio. Einwohner.*

[6] *Im Westen lebt die Mehrheit, etwa 60% der Bevölkerung, darunter ein Großteil der ethnischen Minderheiten.*

[7] *Die 2000 gestartete „Go West"-Initiative 西部大开发 dient der Verbesserung der Infrastruktur, der Wasserkraft, der Energieversorgung und der Telekommunikation in den wirtschaftlich zurück liegenden Provinzen Guangxi, Innere Mongolei, Nignxia, Tibet, Xinjiang, Gansu, Guizhou, Qinghai, Shaanxi, Sichuan, Yunnan und der regierungsunmittelbaren Stadt Chongqing.*

Kunming und Chongqing boomen. Trotz langer Transportwege wagen heute viele Unternehmen den Schritt ins Hinterland, denn preiswertes Land, Steuervergünstigungen und insbesondere die Offenheit der Lokalpolitiker sind attraktiv. Ein Manko bleibt allerdings die Infrastruktur, und insofern muss ein solcher Schritt gründlich überlegt sein.

Bei meinem letzten Besuch in Chengdu 2012 war ich sehr beeindruckt.[8] *Die Stadt erinnerte mich an Shanghai vor 15 Jahren. Allerorten wird emsig gebaut und investiert. Ich ging davon aus, dass sich das auch auf die Chengduer Mentalität auswirkt, musste dann allerdings in Workshops und Gesprächen mit Kunden feststellen, dass diese äußere Dynamik sich nicht in den Menschen fortsetzt. Einsatzfreude und Engagement sind zwar vorhanden, doch genauso wichtig ist den Bewohnern die „Work-Life-Balance". Dafür nehmen sie auch einen niedrigeren Lebensstandard in Kauf. Wenn dann noch ein niedrigerer Ausbildungsstandard, mangelnde Englischkenntnisse und wenig Übung im Umgang mit Ausländern dazu kommen, kann ich die Region noch nicht jedem Investoren empfehlen.*

---

[8] *Bericht meiner Kooperationspartnerin in Shanghai, Sandy Zhang.*

Looking for Gold in a Minefield

Mit dem 12. Fünfjahresplan 2012 hat die chinesische Regierung beschlossen, vom Image einer 'verlängerten Werkbank' wegzukommen, und vermehrt eigene Produkte zu entwickeln. Stark gefördert werden deshalb Investitionen in Forschung und Entwicklung. Chinesische Wissenschaftler werden mit attraktiven Angeboten aus dem Ausland zurück gelockt. Fast alle Provinzregierungen unterstützen Patentanmeldungen mit finanziellen Anreizen. 2010 nahm das chinesische Patentamt 314'000 Anträge an, besonders viele im Bereich der Informations- und Kommunikationstechnologie. 2011 waren es dann schon ein Drittel[9] mehr. Zweifel kommen jedoch immer wieder auf: Werden in der Praxis wirklich neue Erfindungen patentiert oder eventuell nur Veränderungen bereits bestehender Produkte? Wird ohne viel Federlesens ein ausländisches Produkt patentiert, bevor dies einem Ausländer gelingt? Wird dieser eventuell gar noch in seinen Bemühungen um ein Patent 'behindert'?

---

[9] = 526.412 Schutzrechte. An zweiter Stelle lagen die USA, gefolgt von Japan, Südkorea und Deutschland.

Diese aktive Investitionspolitik seitens der chinesischen Regierung führt dazu, dass sich immer mehr ausländische Investoren benachteiligt fühlen und über einen (teilweisen) Rückzug aus dem Land nachdenken bzw. sich schon verabschiedet haben. Ein bekanntes Beispiel ist *Obi*, das sich 2005 vom chinesischen Markt verabschiedet hat. Das Konzept „Do it Yourself" kam bei den Käufern nicht an. 2008 entschloss sich die Firma *Steiff*, ihre Produktion wieder nach Europa zu verlegen. Kopiert wurden ihre Kuscheltiere aufgrund des hohen Produktionsstandards zwar nicht, problematisch war jedoch der stetige Verlust an ausgebildeten Mitarbeitern. 2012 schloss *Adidas* aus Wettbewerbs- und Kostengründen das Werk in Suzhou. Dem brutalen Preiskampf konnte auch der US-Einzelhandelsriese *Home Depot* nicht mehr standhalten. Er schloss 2012 seine sieben Outlet-Center im Land der Mitte.

Die chinesische Investitionspolitik macht jedoch nicht Halt vor dem Ausland. Dringend benötigtes Know-how wird über Joint Ventures direkt ins Land geholt. Außerdem fördert die chinesische Regierung den Kauf ausländischer Unternehmen. Die Direktinvestitionen der Chinesen in der EU lagen

2011 bei etwa 3,46 Milliarden Euro, bis Ende April 2012 schon bei ungefähr 18,7 Milliarden Euro.

Am zunehmenden Frust sind jedoch nicht nur die Chinesen „Schuld“. „Komplex, vielschichtig und fremd!“ Dies sind Adjektive, die ausländische Investoren nicht nur anlocken, sondern vor allem wachsam sein lassen sollten. Sicher erschweren mangelnde Sprachkenntnisse und kulturelle Unerfahrenheit auch ein Joint Venture beispielsweise in Portugal. In China ist unter solchen Vorzeichen aber kaum ein Vorwärtskommen. Doch die Verlockungen des immensen Marktes China verleiten Unternehmer immer wieder dazu, wesentlich mehr Risiken und unbekannte Faktoren in Kauf zu nehmen, als in anderen Ländern der Welt. Die Hoffnung auf den großen Gewinn übersteuert rationale Überlegungen.

Westliche Gutgläubigkeit und Vertrauensseligkeit, nicht selten noch immer gepaart mit kolonialistischer Arroganz und Habsucht, scheinen häufig daran Schuld zu sein, dass die Kritikfähigkeit schon im Flieger auf dem Weg zum Meeting in China aussetzt. Erstaunlicherweise lassen sich viele Manager nur zu gerne von vagen Versprechungen blenden.

Im Falle Chinas ist es fahrlässig, erhaltene Daten und Informationen nicht einer genauen Recherche zu unterziehen. Die von den Chinesen publizierten und oft atemberaubenden Wachstumszahlen sind schwer zu überprüfen, zumal oft auch nicht klar ist, ob Hongkonger Ergebnisse in die angegebenen Zahlen mit eingegangen sind. Häufig fehlt es auch an ausführlichen Daten und Hintergrundinformationen zu chinesischen Produzenten und potentiellen Geschäftspartnern.

Überhaupt ist es für Westler nach wie vor schwierig, das Geschäftsgebaren der Chinesen richtig einzuschätzen. Aus einer Vertrauenskultur kommend, fallen viele Deutsche auf blumige Zukunftsversprechen herein. Chinesen stellen gerne Optionen und Wunschträume in Aussicht, um dem Geschäftspartner das sofortige Einschlagen zu erleichtern. Das schönste und prominenteste Beispiel hierfür ist wohl der Transrapid, der als Maglev den Shanghaier Flughafen mit Lujiazui verbindet. Ohne die Hoffnung von Siemens und Thyssen Krupp auf eine Erweiterung der Linie nach Hangzhou (weitere 177 km) oder die Linie Shanghai – Beijing (1268 km) stünde er sehr wahrscheinlich nicht da. Auf diesen Auftrag aber warten die beteiligten Firmen bis heute vergebens.

Als ich eine österreichische Firma nach Changchun begleitete, fiel sofort auf, dass die von den lokalen Behörden zugeordnete Fabrik für das Joint Venture so gut wie leer stand und kaum Arbeiter zu sehen waren. Es war offensichtlich: Das Unternehmen stand kurz vor dem Bankrott. Der österreichische Geschäftsführer ließ sich davon jedoch nicht beirren und wollte nun umso enthusiastischer die Kooperation angehen. "Wir geben ihnen eine Chance!" lautete sein kolonial angehauchtes Motto.

Eine deutsche Möbelfirma bekam vor den Olympischen Spielen 2008 in Beijing einen Termin bei chinesischen Investoren, die direkt neben dem Olympia-Park eine luxuriöse Wohn- und Hotelanlage eröffnet hatten. Die Manager gingen davon aus, dass die Chinesen eine nicht unbeträchtliche Anzahl ihrer Designermöbel erwerben wollten, um diverse Schauräume und Hotelzimmer für Werbezwecke und Akquise zu bestücken. Im Gespräch in Beijing wurde jedoch schnell klar, dass die Chinesen eine kostenlose Bereitstellung erwartet hatten –

schließlich handele es sich um exzellentes Marketing. Da war man aus deutscher Sicht in den Vorgesprächen zu vage geblieben. Auf chinesischer Seite handelte es sich um taktische Raffinesse: Ist der Kunde erst einmal vor Ort, kann er das Angebot kaum mehr ausschlagen.[10]

FAZIT

In China ist immer eine gesunde Portion Skepsis angebracht, sei es gegenüber den Absichten des Verhandlungspartners oder den Zahlen. Während es im Westen höchst unehrenhaft ist, dem Gegenüber „Sand in die Augen zu streuen", schmücken Chinesen gerne und ohne Gewissensbisse „einen dürren Baum mit künstlichen Blumen"[11]. Hauptsache, das Ziel wird erreicht.

---

[10] *Weitere spannende Beispiele „chinesischer List" finden sich im Buch von Harro von Senger: „36 Strategeme für Manager", Carl Hanser Verlag, München 2004.*

[11] *Ebd., S. 81.*

Politik: Weiter wie zuvor, oder werden die Weichen neu gestellt?

Mit Ende des Jahres 2012 trat China in eine bedeutsame Phase der politischen Veränderung ein: Die alte Garde, allen voran Staats- und Parteichef Hu Jintao und Regierungschef Wen Jiabao (beide 1942 geboren), musste nach zehn Jahren abtreten. Die „fünfte Generation" wurde auf dem 18. Parteikongress der Kommunistischen Partei Chinas am 8. November 2012 ins Politbüro gewählt. Im Frühjahr 2013 wird der Nationalkongress diese Wahl mit großer Wahrscheinlichkeit noch einmal bestätigen. Wie immer dienen beide Anlässe als große Bühne für die Bekanntmachung bereits im Vorfeld getroffener Personalentscheidungen der Parteiführung.

Neuer Staats- und Parteichef (Präsident) ist Xi Jinping[12]. Der 58 Jahre alte, ehemalige Vizepräsident behauptete sich 2007 überraschend im Tauziehen um die neue

[12] *Xi Jinping galt zuvor als „Prinz", also privilegierter Nachwuchs hoher Kader. Xi's Vater Xi Zhongxun war z. Z. der chinesischen Revolution Parteiführer der Provinz Shanxi. Er fiel 1962 bei Mao in Ungnade, wurde aber nach dessen Tod rehabilitiert.*

Führungsriege und konnte sich gegen Präsident Hu Jintaos Favoriten Li Keqiang[13] durchsetzen. Dieser hat das Amt des Premierministers von Wen Jiabao übernommen, ist also zweitstärkster Mann und für das operative Geschäft zuständig.

Auch in China herrscht noch keine Einigkeit darüber, welche politischen Positionen Xi einnehmen wird. Aufgrund seiner eigenen Geschichte während der Kulturrevolution (Landverschickung) erhoffen sich viele von ihm, dass er einerseits die wirtschaftliche Entwicklung und die politische Öffnung weiter vorantreiben und gleichzeitig für Stabilität sorgen wird.

Seine ersten Auftritte nach der Wahl konnten Hoffnungen wecken! Ein Begriff, den Xi in allen bisherigen Reden betont hat, ist die „Erneuerung der Nation". Dies wird von patriotischen Chinesen vor allem dahin gehend interpretiert, dass er in näherer Zukunft dem Land dazu verhelfen wolle, den ihm gebührenden Platz in der Welt einzu-

---

[13] *Li Keqiang ist Jurist und BWLer. Seit seiner Zeit in der Jugendliga in Anhui kennt er Hu Jintao. 1998 war er Gouverneur der Provinz Henan. Seit 2004 ist er für die Umstrukturierung alter Industrieregionen zuständig.*

nehmen. Auch seine Parteikollegen im Politbüro – **man nennt sie „die starken Sieben“** – halten derzeit freie Reden und fordern eine neue Entspanntheit in Gespräch und Diskurs.

Auf die ‘Neuen’ warten beträchtliche Herausforderungen: Das wirtschaftliche Wachstum stockt, das soziale Ungleichgewicht wird immer größer und der Aufbau der Sozialversicherungen tritt auf der Stelle. Die Regierung hat sich zudem in den letzten Jahrzehnten von einer faktischen Ein-Mann-Regierung (von Mao Zedong über Deng Xiaoping) zu einer Partei der vielen Strömungen entwickelt. Schon für den scheidenden Staatspräsidenten Hu Jintao war es nicht einfach, die unterschiedlichen politischen Gruppierungen innerhalb der KP unter einen Hut zu bringen.

Welche Akzente Xi Jinping auch immer setzen wird: Zukünftig muss er das im Konsens mit den weiteren Mitgliedern des ständigen Ausschusses des Politbüros machen. Das bedeutet, dass er – ähnlich wie schon Hu Jintao – mindestens drei, eventuell sogar vier parteiinternen Interessensgruppen gerecht werden muss.

EXKURS[14]:

Die “**Neue Rechte**“ besteht aus den Wirtschaftsliberalen, die die 80er und 90er Jahre maßgeblich geprägt haben. Unter der Führung von Deng Xiaoping haben sie einen ‘Laissez-faire’-Kapitalismus propagiert, der das verarmte Land innerhalb kürzester Zeit global wettbewerbsfähig gemacht hat. Sie fördern einen noch stärkeren Rückzug des Staates aus der Wirtschaft. Allerdings sind sie aufgrund der immer gravierender werdenden Kluft zwischen Arm und Reich momentan nicht sehr populär. Die Provinz Guangdong ist das beste Beispiel dafür, dass Kapitalismus und Transparenz Positives bewirken können. Der Parteichef von Guangzhou, Wang Yang, gilt als Reformer der ersten Stunde. Seine Entwicklungspläne stehen nicht nur im Einklang mit den Wünschen der Partei und dem Fünfjahresplan, sondern auch im Einklang mit den Empfehlungen internationaler Organisationen wie der Weltbank

---

[14] *Frei zumsammengefasst, basiert der Exkurs auf dem Buch von Mark Leonard: „What does China Think?“; Fourth Estate, London 2008.*

Die “**Neue Linke**” hat in den letzten Jahren stark aufgeholt. Sie kritisiert die negativen sozialen Folgen der Liberalisierung und fordert eine bessere Kombination von Marktreformen mit sozialem Ausgleich. Dahinter steht unter anderem Hu Jintaos Konzept der harmonischen Gesellschaft, das soziale Gerechtigkeit im eigenen Land wie auch ein faires Miteinander mit den vielen Nachbarn propagiert.

Die Verfechter der “**Regel des Rechts**” stehen für tiefgreifende politische Systemreformen. Die moderne Entwicklung Chinas soll durch wissenschaftliche Modelle und Institutionen vorangetrieben werden. Rechtsstaatlichkeit soll an Stelle von Willkür treten, das Recht über der Partei stehen.

Für eine sehr kurze Zeit haben die „**alten Linken**“ mit der Galionsfigur Bo Xilai in Chongqing versucht, maoistische Zeiten und überkommene Führungsstrukturen wieder aufleben zu lassen. Lieder aus der großen Zeit Mao Zedongs sollten in der Seele des Volkes erneut heroische Bilder wieder wachrufen. Auch wenn Bo Xilai bei der Jugend und den Intellektuellen der Großstädte kaum Anklang fand, so erhielt er doch einige Unterstützung in ländlicheren Gebieten und von Seiten bestimmter politischer Kreise ohne wirklichen Machtzugang. Premier Wen schritt schließlich entschieden gegen diesen Versuch zur 'Trendwende' ein. Mit der Verhaftung und dem Verlust sämtlicher politischer Ämter wurde diese Entwicklung im Ansatz gestoppt.

Zunehmende (Macht-)Instabilität ist sicherlich einer der Gründe für die ausufernde Korruption, die schier unglaubliche Bereicherung der Kader und die Vetternwirtschaft auf regionaler und lokaler Ebene. Immer neue Auswüchse der Führungsebene werden publik. Ob das die in Großbritannien angehäuften Reichtümer Bo Xilais und vieler anderer Kader sind, ihre berüchtigten Spieleinsätze in den Casinos von Macao oder tödliche Spritztouren in Porsche und Ferrari.

Es fragt sich nur, wie lange sich die Chinesen das noch gefallen lassen? Während eine große Mehrheit der Bevölkerung es bis vor kurzem der Partei hoch anrechnete, Stabilität und Wohlstand gebracht zu haben, hinterfragen nun viele die Motivation der Politiker, da die Bereicherung längst zynische Ausmaße angenommen hat.

Zwar wird die KP weiterhin versuchen, innerparteiliche Auseinandersetzungen und Machtmissbrauch nach Möglichkeit nicht an die Öffentlichkeit dringen zu lassen, doch das Internet erschwert dies auch in China mehr und mehr. So wurden in China der Fall Bo Xilai und auch das ominöse zweiwöchige Verschwinden Xi Jinpings im September 2012 im Web heiß diskutiert. Die Kritik an lokaler und zentraler Regierung im Internet wird immer größer. Das Volk ist sich in einem Punkt einig: Die Dekadenz der Führungsriege und ihrer Sprösslinge ist unerträglich geworden. Allerdings sind die Chinesen vorerst noch bereit, der neuen Regierung eine „Bewährungschance" zu gewähren.

FAZIT

Das wirtschaftliche wie auch das politische Modell Chinas stehen am Scheideweg. Ohne politische Reformen werden die zunehmenden Widersprüche und Konflikte innerhalb der Gesellschaft nicht mehr zu bewältigen sein. Die Verlangsamung des (globalen) Wirtschaftswachstums spitzt die Situation zusätzlich zu.

Es war schon immer mit vielen Fragezeichen verbunden, auf China bezogen Prognosen für die Zukunft abzugeben. Das ist derzeit nicht einfacher geworden! Die Wahrscheinlichkeit, dass die generelle wirtschaftspolitische Ausrichtung sich zunächst nicht drastisch verändern wird, ist allerdings sehr hoch. Im Übrigen kam auch der frühere Staatspräsident Hu erst in seiner 2. Amtszeit, das heißt innerhalb der zweiten fünf Jahre, so richtig zum Zuge. Er brauchte fünf Jahre, um die Mitglieder seiner Fraktion in die richtigen Positionen zu hieven und die Macht seines Vorgängers Jiang Zemin zu schmälern. Da ist es naheliegend, dass auch Xi Jinping eine gewisse Zeit braucht, bis er seine Ziele durchsetzen kann.

Die Hoffnung der ausländischen Industrie in China ist hoch, dass sich mit der Verjüngung der Regierung die notwendigen politischen Reformen durchsetzen lassen und sich das Wirtschaftsumfeld professionalisiert. Sollte es der neuen Regierung gelingen, die sozialen und wirtschaftlichen Probleme Chinas in den Griff zu bekommen, wird auch die Bevölkerung hinter ihr stehen. Sehen sich Staatspräsident Xi Jinping und sein Premierminister Li Keqiang jedoch vor Herausforderungen gestellt, die sie zu langsam oder gar nicht in den Griff bekommen, so erwarten viele, dass das Volk die Ungerechtigkeiten der Wohlstandsverteilung nicht mehr akzeptieren und auf die Strasse gehen wird. Eine Wiederholung der Demonstrationen von 1989 würde für das ganze Land schwerwiegende Folgen haben. Die ersten Auftritte des neuen Staatspräsidenten Xi und seiner sechs Kollegen lassen aber eher vorsichtig optimistische Prognosen zu.

„Guanxi“ und das chinesische Rechtsverständnis

Im Gegensatz zu den Deutschen besaßen die Chinesen nie ein allgemein gültiges Rechtssystem. Erst die mit enormer Geschwindigkeit betriebene Modernisierung des Landes, angestoßen von Deng Xiaoping 1978, verlangte nach einer strukturierten Rechtsordnung, die relativ schnell ausgebaut werden musste. Dies ging mit einem gewissen Mangel an Präzision einher, der für Westler zwar kaum zu ertragen, jedoch aus politischen Erwägungen heraus durchaus erwünscht ist, denn in deren Augen ist “ein grobes Gesetz besser als ein detailliertes.”[15]

[15] *Vgl.: Yuanshi Bu, „Einführung in das Recht Chinas“, §1*

Ein gutes Beispiel für die hastige Erstellung neuer Regelungen und deren flexible Auslegung bietet der Beitritt zur WTO 2001. In einem tausendseitigen Vertrag wurde genau festgelegt, in welchem Zeitraum und mit welchen Schritten China den Markt für ausländische Investoren öffnen sollte. Ein wichtiger Schritt für das Land und seine Wirtschaftspartner! Im Rekordtempo wurden die WTO-Gesetze übersetzt. Bei der Umsetzung 'haperte' es dann ein wenig, wie mir der chinesische Vertriebsleiter eines deutschen Automobilherstellers in Beijing erläuterte. Auf die versprochene Senkung des Einfuhrzolles auf ausländische Autos angesprochen, drückte mir dieser wortlos das Politorgan „Beijing Evening News“ (das nur auf Chinesisch erscheint) in die Hände. In einem ausführlichen Artikel waren dort ‘10 Wege’ aufgezeigt, wie man die WTO-Regeln verzögern oder gar umgehen könne.

Rn. 1–22; C.H. Beck, München 2009.

„Rule by law" – 依法治國 und nicht „rule of law" (!), so lautet der Wahlspruch der Kommunistischen Partei. In China spricht man auch von der „rule of man". Rechte und Regeln können unter dieser Prämisse politisch ausgelegt werden. Der propagierte „Sozialismus chinesischer Prägung" bedeutet nichts anders, als dass Alles jederzeit flexiblen Veränderungen und Anpassungen unterworfen wird. Das Primat der Politik und nicht die uns bekannte gegenseitige Kontrolle der Staatsgewalten bestimmt das Land. Politische Interventionen im Wirtschaftsleben Chinas sind an der Tagesordnung. Das kann die von höchster Stelle kurzfristig angeordnete Umsiedlung von Produktionsstätten sein, um für die Olympischen Spiele 2008 Platz und – noch wichtiger – gute Luft zu schaffen oder der Bau neuer Autobahnen und Hochgeschwindigkeitstrassen, die Dörfer in zwei Teile teilen.

Schon Mao lebte das vor – ganz nach alter Tradition der Kaiser. Nachdem er intensiv studiert hatte, wie der erste Kaiser des vereinigten China, Qin Shi Huangdi, an die Macht gekommen war, wurde Mao bewusst, dass auch er zentrale Signale zu setzen hatte auf seinem Weg zur absoluten Macht über die Chinesen. Qin Shi Huangdi hatte einst nicht nur Handelsstraßen ausgebaut und die

Währung vereinheitlicht. Er hatte brillanterweise nur eine der vielen chinesischen Schriftsprachen überleben lassen: die heute noch in Taiwan und Hongkong gebräuchlichen Langzeichen. Mao Zedong reformierte einige Zeit nach seinem Machtantritt (1956) diese chinesische Schriftsprache. Nicht etwa um Abhilfe gegen die damals hohe Analphabetenrate zu schaffen, wie dies üblicherweise kolportiert wird. Mit der Einführung vereinfachter Schriftzeichen und der Transkribier-Sprache „pinyin" zeigte er unmissverständlich, in welcher Erbfolge er sich sah.

Zu Beginn der Reformära herrschte großer Mangel an chinesischen Juristen. Beim Aufbau des Rechts- und Gesetzwesens legte die Regierung daher großen Wert auf die Unterstützung ausländischer Institutionen. Der deutsch-chinesische Rechtsdialog ist bis heute sehr intensiv – auch dies ist ein Grund, weshalb das neue Arbeitsrecht, das seit dem Januar 2008 in Kraft ist, fast 1:1 dem deutschen gleicht. **Man darf daraus jedoch nicht folgern, dass die Umsetzung dieselbe sei oder es uns deshalb in geschäftlichen Verhandlungen leichter gemacht würde**. Die Hintergründe dafür finden sich in der chinesischen Kulturgeschichte.

Seine soziokulturellen Wurzeln hat China in der Reisbauerngesellschaft. Von der Aussaat bis zur Ernte war eine jede Familie auf die Unterstützung der Dorfgemeinschaft angewiesen, denn der Reisanbau lässt sich nicht im Alleingang bewerkstelligen. Der Dorfvorstand regelte genau, welches Feld wann Wasser erhielt, bei wem wann gesät und geerntet wurde. Jede Familie war so abhängig von der Dorfgemeinschaft. Alle wussten, was ihnen zu welchem Zeitpunkt zustand. Genau so klar war allen, dass alles, was sie anderen zukommen ließen, wieder positiv auf sie selbst zurückfallen würde. Das hieß jedoch auch, dass außerhalb der Dorfgemeinschaft niemand mit Hilfe rechnen konnte. Wurde man also aus der eigenen Gemeinschaft verstoßen, weil man die Regeln nicht eingehalten hatte, so stand man entwurzelt und bindungslos da und war damit nach chinesischem Verständnis dem Untergang geweiht. Diese gesellschaftliche Einbettung des Einzelnen im reziproken Prinzip von „geben und nehmen", hat bis in die heutige Gesellschaft hinein ihre Gültigkeit bewahrt. Die Chinesen haben dafür sogar ein eigenes Wort erfunden: ***Guanxi***. Wer nicht Teil dieser zentralen Netzwerks- und Beziehungskultur ist, kommt auch im Boardroom kaum oder nur sehr schwerfällig voran.

Guanxi besteht aus einem System konzentrischer privater wie geschäftlicher Netzwerke, auf deren Basis sich auch heute noch Vereinbarungen nur per Handschlag bei einem guten Abendessen besiegeln lassen. Man kennt sich, ist sich verpflichtet und kann es sich nicht leisten, Abmachungen zu umgehen. Guanxi ist nicht ‘nice to have’, sondern im Geschäftsleben überlebensnotwendig. Es dient der Ab- und Versicherung, dem Schutz vor Willkür und Unvorhergesehenem. Folglich kann es passieren, dass ein chinesischer Geschäftsmann den westlichen Partner ohne moralische Bedenken über den Tisch zieht, falls am Aufbau von Guanxi gespart wurde. Es kann jedoch auch vorkommen, dass er das äußerst lukrative Angebot eines Konkurrenten ausschlägt, um die gute Beziehung, das Guanxi mit dem schon existierenden Partner nicht zu gefährden.

Eine deutsche Firma mit Erweiterungsplänen in China musste feststellen, dass man das im ursprünglichen Bebauungsplan ihr zugewiesene Gelände zwischenzeitlich als Grünzone ausgewiesen hatte. Dank guter Beziehungen zum ehemaligen Joint Venture Partner und jetzigen Zulieferer konnte ein Abendessen mit dem örtlichen Bürgermeister arrangiert werden, der versprach, die Sache zu regeln und erklärte, dass man ruhig schon mal mit dem Bau des neuen Werkes beginnen könne. Vertrauend auf Guanxi wäre diese Aussage für jeden Chinesen der Startschuss zur Grundsteinlegung gewesen. Für die Rechtsanwälte im deutschen Mutterhaus stellte der Mangel an jedweder Dokumentation des Angebots jedoch ein enormes Risiko dar. Sie verlangten eine schriftliche Bestätigung mit Unterschrift des Bürgermeisters – ein voller Affront in den Augen der Chinesen. Dem GM, der nach längerer Zeit in China darum wusste, gelang es schließlich doch noch, die deutsche Seite davon zu überzeugen, dass es auch ohne Unterschrift des Bürgermeisters geht. Das Werk stand kurz darauf.

Das System der Reziprozität funktioniert in China auf allen Ebenen. Lokal lassen sich direkte Kontakte leicht bewerkstelligen. Regional arbeiten Chinesen meist mit einem erweiterten Netzwerk von Vermittlern. Auf nationaler Ebene ist so etwas verständlicherweise schwerer herzustellen. Auch chinesische Politiker sind heute viel beschäftigte Menschen. Deutsche Ex-Politiker verdienen gutes Geld damit, ihre hochrangigen

Beziehungen anzubieten. Der Ansatz, 'von ganz oben' einzusteigen, kann in einem Land wie China aber auch schnell nach hinten losgehen. Da gilt es, sich auch grundsätzlich darüber klar zu werden, wie häufig oder selten man den Kontakt zur Zentralregierung in Beijing eigentlich braucht.

So ist es zum Beispiel Singapur ergangen: Als die Stadtregierung Suzhou nicht schnell genug auf das Vorhaben Singapurs einging, eine Wirtschaftsentwicklungszone nach singapurianischer Vorlage aufzubauen, setzte Singapur auf seine Verbindungen zur Partei-Zentrale. Diese gab grünes Licht für das Ansinnen, gab allerdings die Organisation der Angelegenheit an Suzhou ab. Die so übergangene Lokalregierung fühlte sich derart vor den Kopf gestoßen, dass sie Singapur erst einmal den Zugang zu Wasser, Strom etc. verwehrte und damit begann, eine Konkurrenzzone aufzubauen. Es kostete Singapur mehrere Jahre, um die Beziehung zur Suzhouer Stadtregierung wieder auf einen guten Stand zu bringen. Heute läuft das Singapur-Projekt übrigens einwandfrei – und auch wesentlich besser als das Konkurrenzprojekt auf der anderen Stadtseite Suzhous.

Fazit: Stein für Stein ertastend den Fluss überqueren[16]

Chinesen haben ein grundlegend anderes Verständnis von Recht und ein entsprechend unterschiedliches Verhältnis zu juristischen Institutionen. Gesetze, Genehmigungen, Vorschriften und Regelwerke, auch wenn sie uns Westlern noch so bekannt vorkommen mögen, können also nach wie vor 'chinesisch' ausgelegt werden.

Selbstverständlich sind im heutigen China Verträge dennoch unumgänglich – nur sind sie nicht wie bei uns 'in Stein gemeißelt', sondern stellen lediglich die Ausgangsbasis der Zusammenarbeit dar. Wie ein 'Letter of Intent' sind sie jederzeit neu verhandelbar, denn widrige oder geänderte Umstände sind in China eher die Norm als die Ausnahme. Generell sollte man daher immer wieder abwägen, ob man den ganzen Vertrag minutiös verhandelt oder es bei einem Rahmenvertrag belässt und die Details der Umset-

---

[16] *Deng Xiaoping spielte mit diesem Satz darauf an, dass man unbekannte oder reißende Flüsse nur mit großer Vorsicht überqueren sollte. Im hier erläuterten Kontext bedeutet dies: Fremde Geschäftspartner sind 'auf Herz und Nieren' zu überprüfen.*

zungsebene vor Ort überlässt. Sollten Sie mit genügend Guanxi ausstaffiert sein, ist die letztere Option die bessere, da flexiblere.

Es versteht sich dabei von selbst, dass man nicht über Nacht in solche Beziehungssysteme reinkommt, sondern sie sich Schritt für Schritt langfristig erarbeiten muss. Dazu gehört ein „verlangsamter Einstieg“ in Geschäftsverhandlungen. Der deutsche Appell „Erst die Arbeit, dann das Vergnügen“ ist im Reich der Mitte kontraproduktiv. Hier geht es zuallererst einmal darum, die zwischenmenschliche Beziehung und das so notwendige Vertrauen „Schluck für Schluck“ mit *Maotai*[17] herzustellen. Nur dann kann man sicher gehen, mit Fairness und Aufrichtigkeit behandelt zu werden.

---

[17] *Maotai ist hochprozentiger Reisschnaps.*

Die Kehrseite von Guanxi: Beziehung oder Korruption?

Das deutsch geprägte Rechtssystem trifft auf das Jahrtausende alte Prinzip des Guanxi. Da sind Probleme (trotz deutlicher Verbesserungen in der chinesischen Rechtsprechung) vorprogrammiert, denn die Grenze zwischen Guanxi und Bestechung verläuft mehr als vage.

Korruption ist in China allgegenwärtig. Ihre Bekämpfung wird erschwert durch die nicht vorhandene Trennung von Staat und Wirtschaft. Nach wie vor gilt die alte „Regel“: je besser Ihre Beziehungen zu lokalen oder regionalen Politikern, desto früher bekommen Sie endlich den lang erwarteten und entscheidenden Zuschlag für ein großes Projekt oder erhalten Informationen über anstehende Kontrollen in Ihrem Unternehmen oder die Ausrichtung des nächsten 5-Jahres-Planes. Gerade der letzte Punkt ist für die Geschäftsstrategie entscheidend! Der 5-Jahres-Plan beschreibt heute konkrete Zielvorgaben der KP, die bis auf lokale Ebene hinunter genau definiert und überprüft werden. Insofern ist es für Sie überlebenswichtig zu wissen, ob Ihr Unternehmen Teil positiver oder negativer Zielvorgaben sein könnte, auch in Zukunft gefördert wird oder ob Sie evtl. sogar den Standort wechseln sollten. Ein gutes ***Government Relationship Management*** macht sich deshalb in jeder Hinsicht bezahlt.

Vetternwirtschaft und Schmiergeldaffären wurden lange Zeit als notwendiges Übel hingenommen. China liegt auf der Korruptionsrangliste von Transparency International auf Platz 75 (Deutschland liegt auf Platz 14). Und dies, obwohl das Land in den letzten Jahren die Gesetze und Kontrollen verschärft hat, denn die Bevölkerung verliert langsam, aber sicher die Geduld. So hat denn auch Premier Wen Jiabao die Korruption im Lande als die größte Gefahr für das Überleben der KP bezeichnet. Er versprach, die sogenannte 'sunshine law' einzuführen, die Beamte und Funktionäre verpflichtet, ihre Vermögen offen zu legen. Bis jetzt ist nicht viel geschehen!

Die Herausforderung für den Manager aus dem Westen ist hoch. Die Firmenleitung rechnet damit, dass er sich einerseits an den unterzeichneten Code of Conduct hält. Andererseits erwartet sie von ihm, dass er kurzfristig Wachstumssteigerungen von mindestens 20% erzielt – da ist die Verlockung groß, die Erfolgschancen mit zweifelhaften Mitteln zu erhöhen!

Keinesfalls sollte man sich allerdings auch nur in Ansätzen in korrupte Machenschaften verwickeln lassen! Bestechung ist weltweit strafbar. Wird ein westliches Unternehmen in einen Korruptionsskandal verwickelt (wie z. B. Siemens), führt das zu einem hohen Imageverlust am Markt, denn was unter Chinesen gerade noch so gebilligt wird, steht Ausländern keinesfalls ebenso zu. So rief Siemens 2007 eilig alle Manager zu einer öffentlichen Compliance-Konferenz nach Beijing zusammen, um aktive Schadensbegrenzung zu betreiben.

Ganz ohne Relationship-Management geht es aber in China auf keinen Fall. Es heißt also für den Expat, vor Ort abzuschätzen: Was ist erlaubt und akzeptiert, was gerade noch toleriert oder schon strikt verboten? Wie können die hohen Wachstumserwartungen des Mutterunternehmens annähernd erfüllt werden, wenn überhaupt keine Geschenke gemacht werden dürfen? Der Druck ist hoch und die Grenze zwischen einem Geschäftsessen mit einer teuren Flasche Maotai auf der einen und einem teuren Bestechungs-Geschenk auf der anderen Seite extrem verschwommen. Schwer fällt es, die angemessene Provision für Leistungen eines Beraters von Schmiergeld zu trennen.

Und während es der chinesische Partner gewohnt ist, das Recht, vor allem seine Lücken sowie sämtliche legalen oder auch nur halb legalen Schlupflöcher flexibel zu nutzen, ist dies den Ausländern aus ‘legal compliance‘ Gründen versperrt. Das HQ verschließt gerne die Augen vor eventuellen Übertritten, solange die Zahlen stimmen. Werden jedoch Verfehlungen vor Ort geahndet, lässt die Mutterfirma oftmals ihre Mitarbeiter im Stich, denn Vereinbarungen wurden gebrochen, Vertrauen missbraucht. Diese Haltung stellt die Mehrheit der Expats vor ein großes Dilemma, mit dem sie ziemlich allein gelassen werden. Auch das ist ein Grund für frühzeitige Abbrüche und Rückreisen.

Dem Manager eines deutschen Automobilzulieferers im Norden Chinas wurde von seinem Topmanagement auferlegt, ebenso wie die chinesischen Konkurrenten 20% Wachstum zu erzielen. Gleichzeitig hatte er sich jedoch mit der Unterzeichnung des Code of Conduct dazu verpflichtet, Bestechungen und Korruption zu vermeiden. Da er das lokale Spiel nicht mitspielen konnte und wollte, waren, wie er sehr schnell feststellen musste, die geforderten Wachstumszahlen nicht zu erreichen. Der Manager wechselte alsbald Land und Firma.

Fazit

Die Frage drängt sich also geradezu auf: Was wollen und müssen Sie mitmachen, um ein wettbewerbsfähiger Teilnehmer des chinesischen Marktes zu sein? Jedes Unternehmen ist gut beraten, sich mit dem Thema Guanxi und Korruption intensiv auseinanderzusetzen und klare Richtlinien für alle zu erstellen.

Auf jeden Fall gehören heute Compliance-Schulungen der Manager und Mitarbeiter zur Grundausstattung eines jeden Unternehmens.

Wer echtes Guanxi hat, muss nicht bestechen. Beziehungspflege ist natürlich auch in diesem Falle notwendig, sie findet aber in einem übersichtlichen Rahmen statt, der jeder Compliance genüge tut.

Pauschal gültige Verhaltensanweisungen zum 'chinesischen Lobbyismus' gibt es nicht. Soviel sollte jedoch klar sein: Je breiter das Netzwerk angelegt ist, desto weniger leidet man unter der Versetzung einzelner Politiker. Der Government Relationship Manager muss viele Bälle gleichzeitig in der Luft halten. Frühzeitig über angesetzte Überprüfungen der Sicherheitsvorkehrungen oder ähnliches informiert zu werden, kann viel Ärger ersparen. Zu wissen, was im kommenden Fünf-Jahres-Plan steht, hat weitreichende strategische Implikationen, die Ihr Geschäft in China beflügeln können. Government Relationship Management ist und bleibt ein diffiziler Balanceakt, denn der Ruf der Unbestechlichkeit muss heute mehr als je zuvor bewahrt werden.

Die Konkurrenz schläft nicht: Kenne Deine Rivalen!

China ist der zur Zeit am härtesten umkämpfte Markt der Welt. Haben sich früher einige wenige ausländische Investoren im unsicheren China bewegt, so versucht heute Ihre ganze internationale Konkurrenz, ein Stück vom Kuchen zu erhaschen. Und auch die chinesischen Wettbewerber sind nicht mehr zu verachten. Die Lernkurve der Chinesen ist steil und der Heimvorteil wahrlich nicht zu unterschätzen.[18] Großzügige Subventionen und die Unterstützung der Regierung, von denen westliche Firmen dieser Tage nur träumen können, erleichtern nicht nur lokale Investitionen, sondern auch lukrative 'Einkaufsbummel' im Ausland.

Einfach Kopieren - Beispiel Huawei

Der erste Schritt auf dem chinesischen Erfolgsweg bestand und besteht im Kopieren. Das Outsourcing vieler westlicher Firmen im großen Maßstab brachte es mit sich, dass sich Chinesen nicht nur kleine Produkt-

---

[18] Vgl dazu die brilliante Analyse von Ming Zeng & Peter J. Williamson: „Dragons at your Door. How Chinese Cost Innovation is Disrupting Global Competition"; Harvard Business School Press, Boston 2007.

komponenten abgucken konnten, sondern in vielen Fällen mehr und mehr Anteile einer Lieferkette übernahmen, um sich schließlich als Hersteller des gesamten Produktes anbieten zu können.

Unrühmlich bekannt wurde das 1987 gegründete Unternehmen Huawei im Westen, als es Cisco-Produkte nachbaute. 2003 einigte man sich außergerichtlich. Allerdings sorgten von Huawei eingereichte Patente in Europa weiterhin für Verärgerung. Aktuell entwickelt das Unternehmen eigene Telekommunikationslösungen, die nicht nur billiger, sondern nach Meinung von Experten auch besser sind als diejenigen der westlichen Hersteller! So ist u.a. T-Mobile ein Kunde von Huawei. Huawei hat sich darüber hinaus auf dem Mobile World Congress 2012 in Barcelona als Hersteller von Konsumentenprodukten wie Smartphones und Tablet-PC's vorgestellt und will damit Apple und Samsung Konkurrenz machen. 2012 hat Huawei seinen Forschungsetat um 20% auf 4,5 Milliarden USD erhöht; 11.000 Ingenieure arbeiten in der Produktentwicklung.[19]

---

[19] *Vgl. http://www.computerworld.ch/news/it-branche/ artikel/huawei-investiert-schwer-in-forschung-59943/*

Learning by Doing – Beispiel BYD

Die Chinesen entwickelten sich außerdem zu Meistern im schnellen Reagieren auf veränderte Marktanforderungen. Auch im Ausloten von Schwächen der Konkurrenz sind sie gut. Eine besondere Stärke liegt darin, dass sie vielfältigere und flexiblere Kundenangebote unter der Bewahrung des Kostenvorteils anbieten können.

BYD (Build your Dreams) baute sich im Bereich wieder aufladbarer Batterien einen Marktvorteil auf, mit dem es vor allem seine japanischen Konkurrenten weit hinter sich lassen konnte und nun Platz 2 hinter Sanyo erreicht hat. Der extrem schnelllebige Markt für einfache Elektrogeräte, wie z.B. batteriebetriebenes Spielzeug, bietet einen lukrativen Absatzmarkt, verlangt aber gleichzeitig vom Batterieanbieter eine äußerst flexible und kostengünstige Anpassung an die Nachfrage. BYD fand Mittel und Wege, Kosten einzusparen und gleichzeitig die Produktionsflexibilität zu erhöhen und damit die Palette an verschiedenen Batterie-Typen zu vergrößern. Im Gegensatz zur vollautomatisierten Produktion der Japaner beruht der Produktionsprozess von BYD wesentlich auf manueller Arbeit und kann entsprechend schnell mit Hilfe von Umschulungen und der Adjustierung von Schlüsselkomponenten neuen Produktanforderungen angepasst werden. Und dies zu einem Bruchteil der Kosten in einem Bruchteil der Zeit!

Der Kunde ist König! Beispiel Goodbaby

Längst ist in China der Kunde König und die Auswahl schier unendlich.

Das Sortiment von Goodbaby ist fast unbegrenzt. Das Unternehmen bietet viermal soviel Produkte wie sein nächster Konkurrent auf dem Markt an, insgesamt 1600 verschiedene Kinderwagen, Kinderautositze, etc.. Sonderwünsche von Kunden sind zudem nicht kostspielig. Der Preis für einen Kinderwagen von Goodbaby bewegt sich zwischen 30,- und 600,- USD, je nach Ausstattung. Das bezahlbare Eingehen auf individuelle Kundenwünsche kommt weltweit gut an!

Nun auch Konkurrenz im Hightech-Bereich – Beispiel „Harmoniepfeil“

Eine besondere Herausforderung für westliche Unternehmen besteht darin, dass chinesische Firmen immer mehr komplexe Technologien mit hohem Innovationsanteil ‘kopieren’ und sich damit neue Märkte erschließen.

Der Hochgeschwindigkeits-Express aus China, der ICE, TGV, Transrapid und Shinkansen zum Verwechseln ähnlich sieht, trägt den schönen Namen „Harmoniepfeil“. Durch die Zusammenarbeit mit Produzenten von Schnellzügen aus Deutschland, Frankreich und Japan und dem Erwerb einzelner Technologien war es chinesischen Herstellern möglich, Plattformen für eigene Weiterentwicklungen aufzubauen. Der Express wird weltweit vermarktet.

Experten aus aller Welt einstellen – Beispiel Pearl River Piano Group

Steht kein talentierter In-House Pool zur Verfügung, so werden Spezialisten aus aller Welt eingestellt.

Der chinesische Klavierbauer stellte zu Beginn der 90er Jahre fest, dass er aufgrund schlechterer Qualität nur ein Drittel des Preises ausländischer Modelle für seine Pianos verlangen konnte. Daraufhin holte sich der CEO Unterstützung aus dem Ausland. Er stellte den ehemaligen GM des amerikanischen Klavierherstellers Wurlitzer, Charles Corey ein, der weltweit bekannt für seine strenge Einstellung in Hinsicht Qualität war. Ihm folgten zwei deutsche Experten, die die Qualität der Instrumente weiter verbesserten, so dass Pearl River die Preise seiner Klaviere immer weiter anheben konnte. Die dann gewünschte Einführung der Massenproduktion verlangte nach der Expertise der Japaner. 1995 ging man deshalb ein Joint Venture mit Yamaha ein. Heute besitzt der Klavierbauer die größte Klavier"fabrik" der Welt.

Westliche Unternehmen übernehmen

Wenn keiner der zuvor geschilderten Wege zum Ziel führt, dann wird ganz einfach shoppen gegangen! China ist nicht nur Deutschlands zweitgrößter Lieferant und fünftgrößter Abnehmer von Waren; 2011/12 avancierte es auch zum wichtigsten ausländischen Investor wie spektakuläre Unternehmenseinkäufe zeigten:

Putzmeister Betonpumpen	... ging an ...	Sany
Schwing Betonpumpen		XCMG
Medion Computer		Lenovo
Kiekert		Hebei Lingyun Industrial
Preh Autoelektronik		Joyson
Saunalux		Anhui Sauna King
Waldrich Coburg		Beijing No. 1 Machine Tool
Schiess		Shenyang Machine Tool
Dürrkopp Adler		SGSB
Vensys Energy		Goldwind
KSL Kuttler Automation Systems		Suntech Power

Mit der Übernahme eines deutschen Unternehmens erwerben die chinesischen Eigentümer nicht nur innovative und zukunftsweisende Technologien mit der wertvollen Herkunftsbezeichnung „Made in Germany". Fast wichtiger ist der Marktzugang zu Europa. Chinesen schätzen darüber hinaus die deutsche Ausbildung ihrer neuen Mitarbeiter und nehmen dafür auch die wesentlich höheren Gehaltskosten in Kauf. Last but not least hört man auch immer wieder, dass Chinesen die Mentalität ihrer deutschen Gesprächspartner in ihrer Zielgerichtetheit und Seriosität sehr zu schätzen wissen – eine gute Arbeitsgrundlage!

Fazit

Die Chinesen sind in vielerlei Hinsicht Herausforderer der westlichen Hersteller. Sie sind hungrig, lernen und setzen schnell um. Sie sind flexibler in den Herstellungs- und Entwicklungsprozessen und dadurch auch kostengünstiger. Zudem sind sie extrem kundenorientiert. Die chinesischen Produzenten und Manager denken gerne 'outside the box', d.h. sie haben den unternehmerischen Mut, zu experimentieren und auch finanzielle Einbussen in Kauf zu nehmen, um den Markt zu erobern.

Für Deutsche eröffnen chinesische Teilhaber und Eigentümer Zugang zu neuen Finanzmitteln, zum chinesischen Markt und Vertriebsnetz sowie zu den oft wesentlich günstigeren chinesischen Produktionsverfahren. Diese Umstände, gekoppelt mit dem Drang der chinesischen Investoren, gemeinsam mit den deutschen Partnern neue Produkte zu entwickeln, alte Märkte zu erweitern und neue Märkte zu erobern, stellt eine positive Entwicklung dar. Ausgeruht wird sich nicht!

Allerdings: Trotz vieler positiver Entwicklungen in der Zusammenarbeit bleibt die Raubkopie für den Westen ein schmerzhafter Dorn im Auge.

Kopieren geht über Studieren

Auch wenn die Gesetze zum Urheberrechtsschutz mittlerweile drastisch verschärft wurden, so kopieren Chinesen nach wie vor heftig. Dies beklagen 86% der ausländischen Firmen in China laut Umfrage der Europäischen Handelskammer 2011/12. Dieser aus westlicher Sicht betrübliche Umstand ist zum Großteil dem unzureichenden Kontrollsystem geschuldet: die Gesetze zum Schutz geistigen Eigentums werden einfach noch zu nachlässig umgesetzt. Zum Teil hat man es hier jedoch auch mit kulturell bedingten Ursachen zu tun.

Kopieren spielt bereits im chinesischen Lernsystem eine zentrale Rolle! Nur so können die vielen abstrakten chinesischen Schriftzeichen innert kürzester Zeit gelernt und abgespeichert werden. Das Ausbildungssystem insgesamt beruht weniger auf Lernzielen wie Imagination, Kreativität und eigenständigem Denken, denn auf schematischeren Formen des Wissenserwerbs und einer vergleichsweise mechanischen Ansammlung abfragbarer Informationen.

Ein weiteres Problem, welches das Kopieren von Ideen, Produkten und Dienstleistungen nahelegt, ist die hohe Fluktuation von Mitarbeitern, auf die ich noch mehrfach zu sprechen komme. Mühsam angelernte Fachkräfte nehmen ihre erworbenen Kenntnisse mit und geben sie gerne weiter. Das ist allerdings – um fair zu bleiben – nicht nur ein chinesisches Problem, sondern weltweit üblicher geworden.

Im Geschäftsleben wird eine gewisse unverfrorene geschäftige Dreistigkeit anerkannt. Auch wenn jeder weiß, dass es illegal ist, wird eine erfolgreich kopierte Geschäftsidee von den Chinesen durchaus gewürdigt. Dies allerdings mehr und mehr hinter vorgehaltener Hand. Die Größe des Landes und die Ausmaße der Millionenstädte machen es nicht leicht, den Fälschern auf die Spur zu kommen. So fand man in der Provinzhauptstadt Kumming erst letztes Jahr heraus, dass die Stadt nicht, wie gedacht, drei gefälschte Apple Stores beherbergte, sondern ganze fünf! Interessant ist hierbei zu erwähnen, dass sich weder Geschäftsinhaber noch Mitarbeiter dieses nicht autorisierten Premium Resellers einer Schuld bewusst waren. Taten sie denn Apple nicht gar einen Gefallen, seine Produkte zu vertreiben?

Mühevoll, zeitaufwendig und teuer ist die Suche der Geschädigten nach Raubkopien. Sehr genau hinschauen müssen auch die Kunden, denn die gefälschte Gucci-Uhr war gestern. Heute werden ganze Geschäfte oder gar komplette Städte kopiert. Ein besonders hübsches Beispiel steht in Shenzhen: OCT (Overseas Chinese Town) East. Einmal mehr haben sich die Chinesen hier selbst übertroffen! In den Bergen entstand auf neun Quadratkilometern ein Konglomerat von Golfplätzen, traditionellen Teeplantagen und einer perfekten Imitation von Interlaken. Durch die Kopie des Schweizer Städtchens wandeln schottische Dudelsackspieler und Schweizer Alphornbläser. Das Ganze wird garniert durch eine märchenhafte Show, die die Geschichte und Kultur Chinas darstellt.

Foto China Partner

„Shanzhai“: Piraterie oder interessante Weiterentwicklung?

Die Chinesen haben für ihre Raubkopien und Plagiate sogar ein Wort: 山寨 (shanzhai) bedeutete ursprünglich Bergfestung. Je nach Standort des Betrachters steht das Wort heute entweder als Metapher für Banditen mit Innovations-Esprit und Hang zur Robin-Hood-Attitüde, oder es wird (besonders von den geschädigten Westlern) mit Piratentum und Räuberei gleich gesetzt.

So genannte *Shanzhai*-Unternehmen definieren ihre Quellen oder Vorlagen gerne als ‘Open Source’ oder ‘Open Innovation’ zum Wohle aller. Darunter verstehen sie den uneingeschränkten Zugriff auf Ideen und Designs zur eigenen Nutzung, Weiterentwicklung oder auch Verbesserung bereits bestehender Technologien und Produkte.[20]

---

[20] Die Innovationsforscher Minyan Luo und Constanze Müller kamen in ihrer „Untersuchung des Shanzhai-Phänomens“ zu dem Ergebnis, dass zwar geistige Eigentumsrechte verletzt würden, doch dass in diesem ‘Graubereich’ gleichzeitig auch Innovation und Weiterentwicklung stattfinden. In: „Geistiges Eigentum in China. Neuere Entwicklungen und praktische Ansätze für den Schutz und

Nach Ansicht vieler westlicher Beobachter und Geschädigter geht es dabei jedoch eher um veränderte oder verbesserte Raubkopien.

Mobiltelefone stellen den ursprünglichen Markt von *Shanzhai*-Unternehmen dar. Ohne Hemmungen werden hier Markenprodukte kopiert und den Vorlieben und Wünschen der chinesischen Kunden angepasst. Für den Workaholic gibt es *Dual Sim*, auf zwei Leitungen erreichbar, nutzbar für verschiedene Provider. Für den Unterhaltungsjunkie gibt es die Karaoke- und TV-Funktion. Für den Abenteurer ist das Handy mit einer Taschenlampe ausgerüstet. Und für die Luxusdame gibt's das edle Design aus 24 Karat Gold.[21]

Allerdings wird nicht ausschließlich für den chinesischen Markt kopiert. Auch die Exportindustrie betreibt *Shanzhai*, einerseits aus Kostengründen, andererseits aus Mangel an Experten, die sich mit dem Konsumverhalten der Westler detailliert auskennen. Kopiert

---

Austausch von Wissen", hg. von M. Schädler, R. Krieg, M. Luo, C. Müller, Betriebswirtschaftlicher Verlag Gabler, Wiesbaden 2009.

[21] *Interessante Beispiele unter: http://www.chip.de/bildergalerie/iPhone-Klone-und-Handy-Hits-aus-China-Galerie_31494864.html.*

man ein bereits erfolgreiches Design, ist es für den chinesischen Produzenten wesentlich leichter, auf dem europäischen Markt Fuß zu fassen und aufgrund der niedrigen Produktionskosten den Wettbewerbsvorteil voll auszuspielen.

Kopiert werden übrigens nicht nur westliche Produzenten. Man macht sich genauso unverfroren über die Erfindungen der eigenen Landsleute her, wie es der Roman "Die Sterne von Shenzhen" von Lingyuan Luo lebhaft schildert. Es bleibt zu hoffen, dass die Rechtsprechung bzw. Durchsetzung der bereits bestehenden Gesetze besser funktioniert, je mehr chinesische Produzenten unter Kopien leiden.

Die Frage, ob westliche Unternehmen von *Shanzhai* profitieren können, liegt nahe. Lohnt es sich, einen *Shanzhai*-Experten einzustellen, um die eigenen Produkte China-kompatibel zu machen? Ein Ansatz, über den verstärkt nachgedacht werden sollte.

Eines ist jedoch sicher: *Shanzhai* wird vorerst eine echte wirtschaftliche und juristische Herausforderung bleiben! Zieht ein chinesischer Konsument vor Gericht, weil ein gefälschtes ausländisches Produkt mangelhaft oder gefährlich ist, findet sich in den meisten Fällen der Originalhersteller auf der Anklagebank. Nicht selten wird er zu einer Geldbuße verurteilt, selbst wenn er nachweisen konnte, dass das mangelhafte Produkt eine Kopie ist. Darüber hinaus entsteht auch ein großer Imageschaden für den betroffenen Produzenten.

Unabhängige Verbraucherschutzorganisationen wie *Stiftung Warentest* gibt es in China nicht. Deshalb nutzen dieser Tage immer mehr Chinesen das Internet, um ihrem Ärger Luft zu machen. Ausländische Unternehmen sind daher gut beraten, das chinesische Netz kontinuierlich zu beobachten. Nur dann können sie gegebenenfalls schnell reagieren und mit den Konsumenten kommunizieren, um negative Publicity unverzüglich aus der Welt zu schaffen.

Auch wenn sich der westliche Produzent keiner Schuld bewusst ist, es sich evtl. gar nicht um sein Produkt gehandelt hat oder eine Ware durch unkorrekte Behandlung nur fehlerhaft funktioniert: im Zweifelsfall bringt eine Entschuldigung in den chinesischen Medien mehr als langwierige Erklärungsversuche oder gar das 'Totschweigen'. Für den Chinesen bedeutet diese Kommunikation nicht gleich ein Schuldeingeständnis und der eventuell aufbrausende Sturm auf *Weibo* (dem chinesischen Substitut für das in China verbotene Twitter) kann wirkungsvoll verhindert werden.

Die wichtigste Person in solchen Fällen ist der so genannte *Shit-Storm Manager* oder auch *Social Media* Stratege, den im Zeitalter sozialer Netzwerke jedes Unternehmen haben sollte. Auch die Sensibilisierung der Chef-Etagen hinsichtlich der spezifisch chinesischen Problematiken sozialer Plattformen ist vonnöten, denn 'should the shit hit the fan', besteht umgehender Handlungsbedarf! Erwartet werden im Zeitalter des Internets in China Reaktionen innerhalb von ein bis vier Stunden – nicht etwa Tagen!

Patente und andere Schutzmaßnahmen

Um sich gegen Raubkopierer und *Shanzhai*-Ritter wirkungsvoll zu schützen, gibt es mehrere Wege. Erfolgreiche Nischenhersteller, Marktführer in ihrem Bereich, arbeiten zum Teil ganz ohne Patente – in Deutschland und weltweit. Sie sind der Meinung, dass die Offenlegung von Daten, die zum Erhalt eines Patentes notwendig sind, überall auf der Welt zum Kopieren verleiten. Wer in Deutschland und weltweit Patente beantragt hat, sollte diese sofort in China anmelden, bevor ein findiger Chinese das vor ihm tut. Zusätzlich bauen dieser Tage viele Firmen technische Barrieren in ihre Produkte ein, die das Studieren und Kopieren erschweren oder gar unmöglich machen. Andere lassen ihr Kern-Know-how erst gar nicht ins Land, d.h. es werden nur gewisse Teile eines Produktes in China hergestellt.

Diese Maßnahmen sucht der chinesische Staat allerdings zu verhindern. Wer in China produzieren möchte, muss oft einen Teil seines Technik- und Technologie-Knowhows transferieren. Überaus vorsichtig sollte man z.B. beim Abliefern von technischen Zeichnungen sein, die Regierungsstellen häufig einfordern. Nicht selten wird mit offiziellem Segen nicht nur die 'Verpackung', sondern gleich der komplette Inhalt übernommen.

> *Ein Automobil-Manager wird nach China geschickt. Seine Aufgabe: die Entwicklung und die Vermarktung des neuen E-Cars. Gleich nach seinem Antritt wurde er zum Ministerium für Verkehr beordert, wo er über sechs Tage die technischen Pläne vorstellen soll. Nicht nur den Beamten, sondern auch sämtlichen chinesischen Automobilherstellern! Was muss er preisgeben, was kann er „verheimlichen"?*

Bei ausländischen Investoren verstärkt sich in den letzten zwei Jahren das Gefühl, dass die staatliche Bevormundung zu- und nicht abnimmt. Sie beklagen die mangelnde Verlässlichkeit des chinesischen Staates. Ausschreibungen[22] werden derart formuliert, dass sie für Ausländer nicht zu erfüllen sind oder erst gar nicht offen stehen. Neuregelungen werden über Nacht erlassen. Waren z.B. Zulieferfirmen bisher nicht verpflichtet,

---

[22] *China hat jüngst nur zwölf Prozent des Marktes der Regierungsaufträge für globale Anbieter geöffnet. In der EU sind hingegen 85 % für ausländische Anbieter zugänglich.*

ein Gemeinschaftsunternehmen mit einem chinesischem Betrieb einzugehen, gilt dies für Lieferanten in der E-Car-Industrie neuerdings nicht mehr. Zugriff auf die neueste Technologie wird so zum Kinderspiel.

Chinesische Staatsunternehmen werden darüber hinaus nach wie vor staatlich subventioniert. Die staatlichen Finanzierungsmöglichkeiten, Zuschüsse, Steuererleichterungen und Fördergelder machen sie extrem leistungsstark. Diese Vorteile stehen den ausländischen Unternehmen, auch in Joint Ventures mit chinesischen Betrieben, nicht zur Verfügung.[23]

Unmut macht sich daher bei den ausländischen Unternehmern breit. Die teilweise staatlich geförderte Benachteiligung am chinesischen Markt, steigende Arbeitskosten, die hohe Fluktuation des Personals sowie die Probleme mit der chinesischen Konkurrenz bereiten vielen Firmen Bauchschmerzen.

---

[23] *Ausnahmeregelungen bestehen im wirtschaftlich noch hinterher hinkenden Westen Chinas.*

Der Goldrausch ist vorbei, die unternehmerische Herausforderung bleibt!

Europäische Unternehmen, die daran denken, ihre Investitionen zu verlagern, finden sich in einem sehr 'chinesischen' Dilemma: China wird der größte wirtschaftliche Investitionsstandort und Markt bleiben. Wie lange jedoch werden sich die ausgeführten positiven und negativen Faktoren so die Waage halten, dass Investitionen trotz allem lohnenswert bleiben?

Wer lediglich aus Kostengründen in China produziert, ist gut beraten, das Land in Bälde zu verlassen, denn dieser Wettbewerbsvorteil ist kaum noch gegeben. Nahe gelegene Länder wie Thailand und Vietnam bieten sich für eine günstigere Herstellung an. In diesen Ländern sollen die Produktions- und Personalkosten nur halb so schnell ansteigen.

Wer in China bleibt, hat dafür meist zwei Gründe: Kundennähe und strategische Ausrichtung. Für sogenannte global player wie Bosch, BASF, VW oder Siemens ist das Engagement in China eine langfristige und strategische Entscheidung im Sinne des Kunden, auch wenn der Erfolg dieser Tage mit größeren Mühen verbunden ist. Ein Wegzug aus China kann durchaus bedeuten, dass man zum Übernahmeopfer oder gar zerschlagen wird.

China hat sich in den letzten 10 Jahren zu einem reifen Markt entwickelt, der diversifizierte Strategien erfordert. Teile des Landes sind heute bereits 'gesättigte Märkte', in denen die immer größer werdende Mittelschicht nach innovativen Produkten und Dienstleistungen verlangt. Im Hinterland bieten Infrastruktur-Projekte außerordentliche Möglichkeiten. Die langfristige Planung und die sorgfältige Suche nach passenden Partnern und Standorten sollten weiterhin zu dauerhaften Erfolgen führen. Am besten unterstützt durch ein ordentliches Maß an echtem Guanxi!

KAPITEL 2

HERAUS-
FORDERUNG
KULTUR:

ANDERE
WELTEN
INTEGRIEREN

Das zukünftige M&A-Potential für China wird von vielen Beratern als recht hoch eingestuft, denn die staatlichen Unternehmen werden nach wie vor nicht genügend wettbewerbsfähig geführt. Das bestätigt auch eine Studie, die 2012 gemeinsam vom *Development Research Center of the State Council China* und der Weltbank erstellt wurde.[24] Die Kernaussage: China wird es nicht gelingen, ein Land des flächendeckenden Wohlstands zu werden, solange sich die Regierung in die Unternehmensführung einmischt. Die ersten chinesischen SOEs (Staatsunternehmen) reagieren bereits darauf und suchen bzw. stellen internationale Manager ein. Andere zeigen sich verstärkt daran interessiert, mit ausländischen Unternehmen zu kooperieren – zum Beispiel in Form eines Mergers. Auf dem Weg zum Erfolg lauern jedoch Risiken.

---

[24] *„China 2030. Building a Modern, Harmonious, and Creative High-Income Society"; The World Bank and the Development Research Center of the State Council, the People's Republic of China, Washington DC, 2012.*

SIE KAUFEN EIN "LEBENDIGES" UNTERNEHMEN

Das größte Risiko, das übrigens auch in nationalen M&As häufig übersehen wird, liegt im Faktor „Kultur“. Sie kaufen einen kulturellen Gemischtwarenladen! Und Sie bringen Ihre eigene Unternehmenskultur mit ein. Kennen Sie denn Ihr eigenes Kulturgemisch?

Schon vor den ersten Sondierungsgesprächen in China ist eine genaue Analyse der eigenen Unternehmenskultur wie auch derjenigen des M&A-Kandidaten Schlüssel zum Erfolg für die richtige Wahl. So lässt sich frühzeitig erkennen, ob die Firmenkulturen kompatibel sind. Dazu gehören unter anderem folgende Fragestellungen:

- Welche Werte prägen beide Unternehmen?
- Liegt der primäre Fokus auf Prozessen, Produkten und Technologien oder auf Verkaufszahlen und Kundenzufriedenheit?
- Welche Berufsgruppe prägt die Firmensprache?

- Was ist der dominante Führungsstil und was bedeutet das für die Integration?
- Wie wird das Thema „Diversity“ gehandhabt?
- Wie wirkt sich Ihr eigenes kulturelles Gemisch auf die Verhandlungen aus?
- Mit welchen „Eigenheiten“ kommt Ihr Partner in die Gespräche?
- Welche Klischees und Vorurteile bestehen gegenseitig (z.B. darüber, wie direkt die Deutschen und wie indirekt die Chinesen seien)?

Wenn diese Themen erst bei den Verhandlungsgesprächen eruiert werden, bleibt keine Zeit, über die Konsequenzen nachzudenken.

Das fiel dem Interkulturalisten André Laurent bereits Anfang der 90er Jahre auf. Er befragte rein amerikanische und rein französische Unternehmen auf Unterschiede in der Führungskultur.[25]

[25] *Organizational Change and Cultural Realities: Franco-American Contrasts, in: International Studies of Management & Organization, Vol 21, No. 3, by Gelles Amado, Claude Faucheux and André Laurent, January 1991.*

Laurents Frage: "Ist es wichtig, dass ein Manager eine genaue Antwort auf die meisten arbeitsbezogenen Fragen seiner Mitarbeiter hat?“ bejahten 50% der befragten Franzosen, aber nur 18% der Amerikaner. Daraufhin erweiterte Laurent seine Vergleichsstudie auf ein amerikanisch-französisches Joint Venture, welches zum Zeitpunkt der Befragung bereits seit 7 Jahren Bestand hatte. Er stellte den französischen Mitarbeitern mit amerikanischem Chef und den amerikanischen Mitarbeitern mit französischem Chef dieselbe Frage. Seiner Erwartung nach sollten sich die Kommentare durch die tägliche Zusammenarbeit einander angenähert haben. Zu seiner großen Verwunderung jedoch fielen die Antworten wesentlich extremer (im negativen Sinne) aus. Nach 7 Jahren erwarteten bereits 78% der Franzosen eine professionelle Antwort vom Chef, währenddem nur noch 8% der Amerikaner dieser Meinung waren. Die Franzosen waren vom Nicht-Wissen ihrer amerikanischen Vorgesetzten enttäuscht. Die Amerikaner fühlten sich von ihren französischen Chefs gegängelt.

Was war passiert? Die bestehenden interkulturellen Differenzen wurden schlicht ausgeblendet. Da über Führungsunterschiede nie gesprochen wurde, wurde das ungewohnte Verhalten den Managern persönlich untergeschoben und äußerst negativ bewertet.

Die Aussagen von Laurents Vergleich lassen sich auf die chinesisch-europäischen Kooperationen von heute übertragen. Je höher der tatsächliche oder gefühlte „Fremdheitsgrad", desto einschneidender und virulenter treten kulturelle Divergenzen zu Tage. Andersartigkeit wird nicht unbedingt als bereichernd, sondern eher als anstrengend empfunden. Obwohl sich China in den letzten 30 Jahren auf geradezu unglaubliche Weise geöffnet hat und immer mehr Chinesen im Ausland studieren, lässt sich daran nicht automatisch ein Gefallen an der Unterschiedlichkeit an sich feststellen. Eben so wenig gilt das übrigens für uns Deutsche!

Gerade deshalb ist eine präzise Analyse der involvierten Unternehmenskulturen und eine frühzeitig daraus abgeleitete PMI-Strategie essentiell für den Erfolg der Verhandlungen wie auch des M&A. „Cultural Due Diligence" ist nicht „nice to have", sondern ein Muss! Denn Sie kaufen einen lebendigen Organismus, der sich über lange Zeit hinweg eine

Kultur erarbeitet und diese gepflegt hat. Die darin arbeitenden Personen verhalten sich nach einem eigenen, jahrzehntelang gepflegten Wertekodex.

Fundamentale Unterschiede in Wertehaltungen lassen sich nur sehr schwer überkommen. Natürlich ist allen Involvierten bewusst, dass im Zuge des M&A Veränderungen auf sie zukommen werden. Dennoch hofft ein jeder, das Boot möge nicht allzu sehr geschüttelt werden. Je unterschiedlicher die aufeinander treffenden Unternehmenskulturen sind, desto mehr heißt es, frühzeitig Spannungspotentiale und potentielle Zerreißproben auszumachen und Strategien festzulegen, damit aufkommender Unmut zu keinem Zeitpunkt die Umsetzung gefährden kann.

Im Fall Chinas ist das nicht nur wegen der komplett anderen Kommunikation von großer Bedeutung. Viel schwerer wiegt der wachsende Nationalstolz der Chinesen, der uns Ausländern bei kleinsten Bemerkungen schon Arroganz unterstellt. Das hat auch mit dem enormen Wachstum der letzten 30 Jahre zu tun. China fühlt sich wieder als „Reich der Mitte“, das von anderen Tribut verlangen kann – wie z.B. den Erwerb der chinesischen Sprache.

Der rasante Gesellschaftswandel Chinas und seine Auswirkungen auf Ihren M&A

Eines ist sicher: so schnell, wie sich die Architektur in China wandelt, so gewaltig ist auch der Transformationsprozess der chinesischen Gesellschaft, der noch nicht abgeschlossen ist. Die Jugend setzt bereits ganz neue Akzente, die auch die M&A-Aktivitäten maßgeblich beinträchtigen. Bei allen Versuchen, das Gesellschaftsbild Chinas als Ganzes zu erfassen, darf man nie vergessen, dass man es mit einem Land der unterschiedlichen Geschwindigkeiten zu tun hat. Ganz im Süden Chinas, z.B. in Guangdong, hat sich die Individualisierung bereits in den 80er Jahren vollzogen. Zwischenmenschliche Beziehungen sind dort flüchtiger, Eigeninteressen und persönlicher Erfolg schon seit längerem das erklärte Ziel. Im Norden dagegen, speziell in und um Beijing, zählt nach wie vor echtes Guanxi, dessen Aufbau traditionell Jahre in Anspruch nimmt. Hier gehört es zum 'guten Ton', Rücksicht aufeinander zu nehmen, sich gegenseitig zu informieren, gemeinsam essen zu gehen – selbst wenn man nicht mehr der gleichen Firma angehört.

„ME FIRST!“ – Die Einkind-Generation verändert China

Die Jahrgänge, die wir in Europa mit „Gen Y“ bezeichnen, fasst man in China unter dem Titel „die 80er und 90er“. Damit sind die in den 1980er und 1990er Jahren Geborenen gemeint. Sie ticken wesentlich anders, als alle anderen Generationen vor ihnen und das hat mehrere Gründe: sie wachsen als Einzelkinder auf und werden von toleranten Großeltern oder Kindermädchen ‚verzogen'. Entsprechend nennt man sie auch die „kleinen Kaiser und Kaiserinnen“(小皇帝).

Bevor wir näher auf sie eingehen, da sie die Masse der Arbeitnehmer ausmachen, hier noch ein kurzer Blick auf die (mindestens) drei Generationen und ihre unterschiedlichen Wertekonzepte:

T steht für die Begriffe „Tradition" und „Taiji" und damit für die Rentner Chinas

Mit 55 bzw. 60 Jahren geht man in China in Rente und gehört damit heute zu 166 Mio. Menschen oder 12,5% der Gesellschaft. Hochrechnungen gehen davon aus, dass sich die Pensionäre bis 2030 verdoppeln und ab 2050 die Hälfte der Gesellschaft ausmachen werden. Das belastet weniger Ihr M&A als die Sozialkassen Chinas, denn die Wahrscheinlichkeit, dass Sie Ts beschäftigen, ist relativ gering. Dabei wären die Orientierungsmuster, welche die T-Generation auszeichnen, hervorragend dazu geeignet, eine Stabilität in den M&A bzw. PMI zu bringen. Konfuzianische Tugenden wie Balance, Harmonie, Zurückhaltung und Bescheidenheit werden gerade bei der Unternehmensführung sehr geschätzt. Diese Generation weiß auch, was es bedeutet, „die Zähne zusammenzubeißen“ und Durststrecken zu überwinden.

S steht für „Sozialismus“ und „Sandwich-Position“

Die Biographie vieler Chinesen zwischen 30 und 60 ist höchst komplex. Sie haben eine harte Vergangenheit hinter sich. Die Mega-Projekte Mao Zedongs und im Besonderen die Erlebnisse der Kulturrevolution haben sie „geschlaucht“. Die Wunden sind bis heute nicht wirklich aufgearbeitet worden. Entsprechend fühlen sich viele um ihre Jugend und Jugendideale betrogen. Deshalb ist ihre Ausrichtung heute in erster Linie materialistisch und pragmatisch. Ihren Nachkommen bringen sie bei, für sich selbst zu sorgen.

Diesen emotionalen Hintergrund sollte man immer im Hinterkopf behalten. Nicht nur, weil die neu angetretene Führung ganz eigene Erfahrungen mit der Kulturrevolution gemacht hat[26], sondern auch, weil die

---

[26] *Xi Jinping wurde in die arme Bergregion Shaanxis geschickt, Li Keqiang hat harte Arbeit in Anhui verrichtet. Ein hervorragendes Buch über die Zeit der Kulturrevolution und die Anfänge der Öffnung ist von Yu Hua geschrieben und auf Deutsch übersetzt worden. Es heißt „Die Brüder“.*

S-Generation damit für das heutige Arbeitsleben schlecht ausgerüstet ist. In der Wirtschaftsphase unter Mao war die Ausrichtung an zentral ausgegebenen Plänen die Norm. Zum Verhaltensrepertoire gehörte auch, so zu tun, als habe man diese erfüllt. Noch bis in die 80er Jahre hinein gab es nur eine Sorte Arbeitgeber: Staatsbetriebe, die von der Geburt bis zur Bahre für alles Sorge trugen. Dies führte dazu, dass weder Einsatz noch Eigeninitiative hochgeschätzt und entsprechend entwickelt wurden.

Auch am Knowhow-Aufbau wurde noch kräftig gespart. Mit dem System der „Verteilung" (分配) wurde bis in die 90er Jahre hinein viel (Wissens-) Potential verschwendet. Ein Biologe erhielt eine Stellung beim Film, ein Germanist wurde von der Uni aus direkt in ein großes Chemie-Unternehmen geschickt, eine Juristin landete als Dolmetscherin bei einem Exporteur. Gottseidank sind diese Zeiten vorbei! Doch viele Mitglieder der S-Generation leiden bis heute darunter, weil ihnen die Ausbildung für die aktuell gefragten Fähigkeiten fehlt.

M steht für „Moderne“

Die 1980 eingeführte Einkind-Politik führte zu der oben angesprochenen, noch nie zuvor erlebten Verhätschelung der *Generation M.* Gleichzeitig lastet auf ihr ein erheblicher Leistungs- und Erwartungsdruck, denn sechs Erwachsene rechnen mit einem späteren „Return on Investment“. Dieser kann nur durch Eintritt in die Hochschule, erfolgreiche Abschlüsse und einen entsprechend gut bezahlten Job danach erfüllt werden.

Für die westliche Industrie ergibt sich hieraus kein unmittelbarer Nachteil, denn die Jugend ist an Wettbewerb und hohe Ansprüche gewöhnt. Außerdem sorgen der Zugang zum Internet, die selbstverständliche Nutzung von Computern und die neuen Statussymbole iPhone und iPad dafür, dass die 80er und 90er gut informiert und ausgebildet sind. Sie erwarten dafür einen gut bezahlten Job und eine schnelle Karriere. Schnell reich zu werden, aber auch Spaß, Freizeit und Work-Life-Balance werden immer mehr zu ihrem Thema. Der Konsum und die Buntheit des heutigen Lebens führen zu einem Ansteigen der Individualisierung und der Vielfalt, so dass Pauschalisierungen wie „der Chinese“, „die Chinesin“ immer weniger der Realität gerecht werden.

Die *80er* kennen noch sozialistische Armut aus ihrer Jugend. Das heute Erreichte ist für sie nicht selbstverständlich. Entsprechend legen sie Wert auf gute und schnell ansteigende Bezahlung, um die materielle Grundlage zu sichern. Statussymbole sind ihnen ebenfalls wichtig, um sich von anderen zu differenzieren und zu zeigen, was man erreicht hat. Während die S-Generation uns „Langnasen“ noch als Halbgötter sieht, gehen die 80er durchaus kritischer mit uns um. Ein Beispiel dafür ist das Buch „China can say „no“!“[27]

Die *90er* kennen nur den „Überschallflug“. Sie sind – anders als ihre Vorgänger – in einer Atmosphäre stetigen Wachstums (höher, schneller, besser) und fortwährender Lebensstandarderhöhung aufgewachsen. Die Eltern und Großeltern bieten dieser Einkindgeneration alles, worauf sie selbst verzichten mussten. Vieles ist für die urbanen Einzelkinder bereits selbstverständlich. So spielt die grundlegende Absicherung kaum mehr eine Rolle für sie. Dafür stehen

[27] *Das Buch ist nur auf Chinesisch erschienen und heißt: China Can Say No: Political and Emotional Choices in the Post Cold-War Era, ed. by Zhang Zangzang et.al,. Beijing 1996.*

eigene, individuelle Interessen im Vordergrund: Für den einen Geld oder Karriere, für die andere einen Auslandsaufenthalt oder die Work-Life-Balance. Die Anforderungen an den Personalbereich und seine Personalentwicklungspläne erhöhen sich dadurch merklich! So bunt wie das Leben soll der Job sein. Abwechslungsreichtum und schnelle Aufstiegsmöglichkeiten sind primäres Ziel. Das gibt jedoch nicht jede Aufgabe her! Immerhin ist die Lernmotivation der *90er* hoch, ebenso der Wunsch danach, eigene Ideen verwirklichen zu können.

Neben den insgesamt guten Meldungen gibt es auch einige neue Herausforderungen für uns Westler. Der Anspruch an die Work-Life-Balance steigt schneller als erwartet, aber dafür haben wir ja schon Lösungen „in der Schublade". Was viel schwerer wiegt: Es gibt durch die hohe Konkurrenzdichte so viele Jobangebote und Möglichkeiten, dass es nicht einfach ist, gutes Personal zu finden, geschweige denn zu halten. Ausschlaggebend dafür ist das „à la carte" Leben der *Generation M*, d.h. bis 35 wollen sie alles ausprobiert haben: verschiedene Unternehmen, unterschiedliche Berufe. Sie haben – gerade auch im Vergleich zu den *Generationen S* und *T* – kaum Geduld und selten ein Interesse an Expertentum. Nach der Heirat (in den Großstädten zwischen 30 und 35) ist aber klar dass, auch durch die Kosten für das eigene Kind bedingt, nach Stabilität gesucht wird. Mein Vorschlag ist deshalb, vermehrt Chinesinnen jeden Alters und Chinesen ab 35 einzustellen. Ebenfalls dankbar und damit loyaler sind Arbeitskräfte aus dem Hinterland.

Ein weiteres Problem der Persönlichkeitsbildung in China beeinflusst gerade auch den Erfolg der Post Merger Integration (PMI): Das Aufwachsen als Einzelkind und der harte Wettbewerb an den Schulen bringt vermehrt den Typus des Einzelkämpfers hervor. Dies fordert uns beim Aufbau von Teams ganz schön heraus! Die Lage wird verschärft durch das verschulte Ausbildungssystem, das zu einem Mangel an Kreativität, Innovationsfähigkeit und Eigeninitiative führt. Die Übernahme von Verantwortung auch außerhalb des eigenen Bereiches, wie auch die pro-aktive Suche nach neuen Aufgabenfeldern, fällt schwer. Wenn große Teile der Jugend dann noch überzogene Erwartungen hegen, ohne den Willen, hart anzupacken, schrumpft der Mitarbeitermarkt von 1,34 Mrd. Chinesen merklich.

Das neue Selbstbewusstsein

Viele Chinesen haben auch nach 30 Jahren der Öffnung noch wenig Auslandserfahrung und dadurch bedingt kaum interkulturelle Kompetenz. Es ist zwar nicht mehr so schwierig, andere Länder als Tourist zu bereisen, doch dabei lernt man nicht viel über den Umgang mit anderen Kulturen. Erschwerend hinzu kommt die territoriale Größe des Landes und ein mit den USA vergleichbarer Kulturzentrismus. Generell wissen die Chinesen zwar, dass wir anders sind, sie beschäftigen sich aber nicht im Detail damit.

Der berechtigte Stolz auf die Leistungen der letzten 30 Jahre führt zuweilen zu einem Nationalchauvinismus, der die Offenheit uns Europäern gegenüber einengen und den internationalen Umgang durchaus erschweren kann. Es beklagen sich immer mehr Chinesen aller Altersklassen bei mir, wieso wir im Westen so wenig Willens sind, Chinesisch zu lernen. Schließlich seien wir es, die etwas von China wollten! Auch erwiesen weder die USA noch Europa große Souveränität und Lernfähigkeit angesichts der globalen Finanzkrise. Die Vorbilder brachen weg.

Von nun an verlässt man sich lieber auf sich selbst.

Insofern ist eine grundsätzlich andere Haltung unsererseits angebracht. Arroganz und Unwissenheit, auch sprachliche Defizite werden uns heute übel genommen, wo sie früher noch akzeptiert wurden. Deshalb ist es an der Zeit, den Chinesen endlich auf Augenhöhe begegnen. Und sie gleichzeitig strukturiert an die Erwartungen eines globalen Unternehmens heranzuführen.

KAPITEL 3

HERAUS-
FORDERUNG
M&A:

EINE GRÜNDLICHE VORBEREITUNG IST DER SCHLÜSSEL ZUM ERFOLG

Vorbereitungsphase

In Sachen China geht nichts ohne eine intensive Vorbereitung! Schon in der M&A-Verhandlung werden entscheidende Akzente für eine erfolgreiche Post Merger Integration gesetzt. Wenn Sie zu diesem Zeitpunkt nicht die Weichen auf ein kooperatives Miteinander stellen – bei aller Hartnäckigkeit in Bezug auf die Verhandlungsdetails – kommt die Verhandlung nie über den „netten“ Beginn hinaus. Zur Vorbereitung gehört sowohl die detaillierte Einarbeitung in den kulturellen Hintergrund Ihres wie auch des chinesischen Unternehmens. Ein grundsätzliches vertraut werden mit gesellschaftlichen Einstellungen und kulturellen Prägungen in China ist ausschlaggebend für den Erfolg der Gespräche.

Erst der Mensch, dann die Sache

Auch wenn sich China in den letzten 30 Jahren enorm verändert hat und weiterhin im Wandel begriffen ist, bleiben gewisse Traditionen und Verhaltensweisen erhalten. Noch immer ist es für Chinesen von allerhöchster Wichtigkeit, ganzheitlich, d.h. in umfassendem Sinne als Mensch wahrgenommen zu werden. Das stellt hohe Anforderungen an das kulturelle Gespür und Einfühlungsvermögen der Verhandlungsführer. In Deutschland steht an erster Stelle die Arbeit, die Sache an sich. Wenn man sich als Verhandlungspartner schätzt, ist das toll, aber es geht auch ohne. **In China muss schon die Chemie stimmen, um zu wirklich fairen Ergebnissen zu kommen und nachhaltig kooperieren zu können.**

Die Fähigkeit, sich zügeln, sich beherrschen zu können, zählt in diesem Zusammenhang ohne Zweifel zu den wichtigen China-Kompetenzen. Spontane Bekundungen von Ärger oder ironisierende Aussagen von Deutschen im Anfangsstadium sind im weiteren Verlauf oft nur schwer korrigierbar. Und in China kann einem durchaus berechtigt die Hutschnur hochgehen! Überraschungen sind an der Tagesordnung – ob das Wetterbedingungen sind, die nicht wie geplant mitspielen und die Reisepläne über Bord werfen oder Gesetzesregeln, die auf einmal im Weg stehen oder Projekte verkomplizieren oder verteuern.

Gegenseitiger Respekt baut also auf gewissen Grundeinstellungen auf, muss aber im persönlichen Umgang erst einmal erarbeitet werden. Oft begegnet mir in Deutschland die Überzeugung, Höflichkeit und Respekt seien weltweit das Gleiche. Dies ist jedoch überhaupt nicht der Fall, wie die folgenden zwei Beispiele zeigen.

Viele Chinesen zollen der deutschen Kultur und den deutschen Produkten eine hohe Anerkennung, wenn nicht gar Bewunderung. Oft folgt daraus die Unterstellung, 'die Deutschen' hätten eine Art „gottähnlicher“ Unternehmenskultur geschaffen. Dann müssen sie in Verhandlungen und bei der konkreten Zusammenarbeit die Erfahrung machen, dass auf die chinesische Sicht der Dinge wenig Rücksicht genommen wird und es bei der Übernahme von Arbeitsprozessen kaum Flexibilität gibt. Die Desillusionierung erfolgt schnell, die Wiederherstellung des Respekts auf Anfangsniveau hingegen nicht.

Deutsche wiederum respektieren Personen mit langjährigen Fachkenntnissen und hohem Arbeitseinsatz. Wenn sie in Verhandlungen Chinesen als chaotisch und unter Umständen wenig fachkompetent erleben, geht der Respekt sofort verloren. Schnell ist das Pauschalurteil entstanden: „Die wissen wenig, setzen sich nicht ein, verschleppen die Verhandlung, verheimlichen zu viel und wollen keine Verantwortung übernehmen.“

Auf beiden Seiten stehen dann nicht mehr Bewunderung und Respekt, sondern Irritation, Verunsicherung und die Frage im Raum: Wollen wir uns tatsächlich weiter unterhalten? Macht es überhaupt Sinn, miteinander zu kooperieren?

In ganz Asien ist Respekt eng mit dem 'Gesicht' verbunden. Die 'Wahrung des Gesichts' ist zwar auch für Deutsche wichtig – niemand möchte beispielsweise vor den Augen der Öffentlichkeit bloßgestellt werden – doch in China werden Sachdiskussionen grundsätzlich sehr persönlich genommen. Eine zu große Lockerheit zu Beginn löst eventuell bleibende Befremdung aus. Gerade dann, wenn den Teilnehmern sowohl eine gemeinsame Sprache wie auch die Vertrautheit mit der anderen Kultur fehlt, türmen sich Missverständnisse viel rascher auf. Dies führt zu Peinlichkeiten, eventuell sogar zu Konsistenzbrüchen und ernsthaften Glaubwürdigkeitsfragen. Ein Teufelskreis nimmt schnell seinen Lauf.

Das in China und großen Teilen Asiens kulturell begründete Scham- und Gesichtskonzept steht auch bei jungen Chinesen noch immer ganz oben auf der Werteliste. Beim Umgang miteinander achten sie auf zwei Dinge:

- Das Prinzip der Gegenseitigkeit: Wer Gesicht zu geben versteht, dem schenkt man es ebenfalls gerne. Wer Gesicht nimmt, muss allerdings damit rechnen, dass „in gleicher Münze" zurückgezahlt wird. Stellen Sie sich also ruhig die Frage, wie Sie damit umgehen wollen, sollte man Ihnen in China einmal bewusst das Gesicht nehmen.
- Das Gesicht hat zwar eine hohe Bedeutung, es sollte jedoch nicht überbetont werden. Es darf trotzdem offen über Schwierigkeiten gesprochen und Kritik geübt werden, allerdings nicht zu Beginn, sondern erst nach erfolgtem Vertrauensaufbau. [28]

---

[28] *Das ist nicht immer ganz einfach, denn wenn dem deutschen Fachmann etwas auf der Seele liegt, wird er es gerne ganz schnell los, damit es nur ja nicht vergessen wird. Geduld und hinten anstellen ist nicht unsere Stärke!*

Eine ungenügende Vorbereitung auf China wird unverzüglich bestraft

Die sogenannte „objektive" Pressemeinung zu China ist im Westen ausgesprochen kritisch gefärbt. Ai Weiwei und der Dalai Lama sind hierzulande fast bekannter als wichtige chinesische Politiker. Entsprechend einseitig informiert fliegen viele Deutsche nach China. Sie suchen dort meist nicht vorurteilsfrei nach „dem wahren Bild", sondern vielmehr nach Bestätigung bereits gefasster Ansichten. So ist ihnen oftmals weder bekannt, welches Rechtssystem China besitzt, noch in welchem Verhältnis die Chinesen zu ihrem Recht stehen und schon gar nicht, welche Implikationen dies für das eigene Geschäft haben wird. Auch ansonsten weiß man oft wenig über allgemeine gesellschaftliche Entwicklungen sowie damit zusammen hängende mentale und soziale Hintergründe der konkreten Gesprächspartner (wie etwa Generationszugehörigkeit, Qualität der Auslandserfahrung, etc.).

Das hat auch mit dem medialen China-Bild in Deutschland zu tun. Hier spiegelt sich der Zwiespalt, der die Unternehmer ausmacht: Selbst die Medienberichte schwanken zwischen Euphorie, Enttäuschung und Verdammung. Die Journalisten sind hin- und hergerissen zwischen Goldgräberstimmung und tiefem Pessimismus.

Das hat mit verschiedenen Aspekten zu tun. Die Medien unterliegen in China einer besonderen Überwachung, die gerade 2012 wegen des bevorstehenden Machtwechsels intensiviert wurde. Grundsätzlich finden sich ausländische Journalisten (ganz zu schweigen von ihren chinesischen Kollegen) in ihrer Arbeit oft behindert, nicht selten ausgegrenzt und noch häufiger belehrt. Aufgerieben in einem Land der Widersprüche, in dem sich Hoffnung und Fortschritt mit Armut und Willkür abrupt abwechseln, kehren nicht wenige – freiwillig oder gezwungener Maßen – China den Rücken. Bekannte Beispiele dafür sind Tiziano Terzani vom „Spiegel", der 1984 nach einem Monat im Umerziehungslager des Landes verwiesen wurde, George Blume von der „Zeit" (2008) und die Korrespondentin von „Al-Dschasira", Melissa Chan (2012).

Bezeichnender Weise gelingt es auch heute nur wenigen Journalisten, ein objektives Bild Chinas zu zeichnen. Kommentare werden überspitzt und alte Szenarien von der „gelben Gefahr" aus dem Schrank geholt. Viele Sachverhalte werden stark vereinfacht, anstatt abgewogen die komplexe Realität dieses Landes aufzuzeigen. Unter ständiger Überwachung bleibt das auch ein großes und zuweilen abenteuerliches Unterfangen. Das sei hier zugestanden.

Deshalb ist eine eigene gründliche Recherche absolut erforderlich. Dazu gehören folgende Fragestellungen: Durchlebt China gerade eine Phase des Nationalchauvinismus oder des Minderwertigkeitskomplexes? Welche historischen Fakten sollte man kennen, bevor man in Gespräche einsteigt? Stolz zurückblickend auf seine 5000 Jahre alte Geschichte, verzeichnete China seit dem 19. Jahrhundert vor allem Negativerfahrungen im Verkehr mit fremden Mächten und Menschen. Hier nur einige Stichworte: Opiumkrieg, Kolonialzeit, Verlust von Hongkong, Boxeraufstand. In den Köpfen der Chinesen ist diese Geschichte nach wie vor sehr präsent und wird auch immer wieder seitens der Regierung neu aktiviert – nicht nur in Bezug auf Japan. Die heutige Präsenz der MNCs (multinational companies) wird vor der Kulisse der Geschichte als lebendiges Beispiel angeführt: Anstatt wie früher mit Kanonen, versuche das Ausland heute, mit Geld und Produkten China zu beherrschen.

Genauso wichtig wie das Verständnis für den allgemeinen historischen, sozialen und mentalen Kontext ist das Eingehen auf den konkreten Gesprächspartner. Wie mächtig ist Ihr M&A-Kandidat denn eigentlich? **Macht ist in China „sexy“ und wird entsprechend ausgespielt.** Nicht nur wir Westler können als ehemalige Herrscher der Welt Arroganz an den Tag legen. Chinesen sehen sich schon längst auf Augenhöhe mit uns, eine Tatsache, die wir nur zu gerne verdrängen. Hinzu kommt das konfuzianisch geprägte Prinzip der Hierarchie, das klar trennt zwischen den Mächtigen und den Machtlosen, ihren zugehörigen Rollen und Pflichten.

Es stellt sich zunächst also nicht primär die Frage, unter welchen Bedingungen Sie Ihrerseits bereit sein könnten, die Chinesen auf Augenhöhe zuzulassen, sondern vielmehr umgekehrt: Behandelt das chinesische Unternehmen Sie auf Augenhöhe?

> *So erging es zu seiner Überraschung einem amerikanischen Geschäftsmann übel, der über einen langen Zeitraum versucht hatte, mit dem Chef eines großen Versicherungsunternehmens in Kontakt zu kommen. Welchen Weg er auch wählte, Herr Zhang ließ sich nicht erreichen. Glücklicherweise*

bekam er schließlich ein Gespräch mit dem Leiter des für die Versicherungsbranche zuständigen Ministeriums. Dieser vermittelte ihm den so innig gewünschten Termin. Als er jedoch zu dem Gespräch erschien, wurde er von Herrn Zhang nicht typisch chinesisch höflich empfangen, sondern musste – an der Türe stehend – eine lange Tirade von Beschimpfungen über die amerikanische Arroganz und Unfähigkeit, die Finanzkrise in den Griff zu bekommen, über sich ergehen lassen. Wie hätten Sie in diesem Falle reagiert?

Es lohnt sich also, vor der Verhandlung verschiedene Strategien durchzuspielen, wie Sie mit einer ungleichen Verteilung von Macht umgehen können und wollen. In welcher Position sind Sie, wollen Sie sein? Wie können Sie diese positiv verändern, falls die chinesische Seite ein anderes Bild von der Situation aufgebaut hat? Wie wollen Sie ihre Macht einsetzen? Und wann sollten Sie dies auf keinen Fall tun?

Wer bringt Ihre Verhandlung zum Erfolg?

Wenn Ihre Delegation schon kein Chinesisch beherrscht, um auf der anderen Seite das Wohlgefühl sprachlicher Vertrautheit zu vermitteln, dann sind umso mehr interkulturelle Kompetenzen gefragt. **Nicht jeder ist dazu geeignet, eine Verhandlung in China zu führen, nur weil er zuvor in den USA oder in Russland erfolgreich war**. Gefragt ist ein „Menschen-Mensch", ein Menschenkenner, der gerne und geschickt kommuniziert und sich dabei selbst nicht allzu wichtig nimmt. Gerade die Blindheit gegenüber der eigenen Arroganz hat schon manchen Erfolg in China vereitelt! Von ähnlich hoher Bedeutung ist Flexibilität. In China trifft man auf Personen, die über viele Jahre mit verschiedensten Ländern der Welt verhandelt haben, ihr Repertoire wechselt oft von einer Sekunde auf die andere. Können Ihre Leute da mithalten? Konsistenz und Authentizität sind in China nicht unbedingt gefragt, es wird allerdings an Deutschen hoch geschätzt!

Wissen Sie, ob beide Teams, also auch das chinesische, interkulturell gebrieft worden sind? Eine oberflächliche Vertrautheit mit allgemeinen Umgangsformen kann hilfreich sein, jedoch auch zu unerwarteten Störmomenten führen. Handelte es sich um ein reines „Knigge"-Training, so dass beispielsweise zwar bekannt ist, dass man Visitenkarten mit zwei Händen übergibt – aber auch nicht mehr?[29] Oder wurden die Deutschen so gebrieft, dass sie wissen, was für die Chinesen adäquate Kommunikation und die Etablierung einer persönlichen Bezugsebene bedeutet? Ist den Teilnehmern durch die Vorbereitung klar, welche Eigenschaften während der Verhandlung der deutschen bzw. chinesischen Norm entsprechen und welche Verhaltens- und Ausdrucksweisen eindeutig außerhalb der Normkurve sind und somit der Person zuzuordnen sind?

---

[29] *Der Knigge ist ein rein europäisches Produkt. Für uns (und auch Japaner) ist Form fast alles. Nicht aber für Chinesen!*

Haben Sie wirklich gute Dolmetscher?

In China steht „zwischen den Zeilen“ wesentlich mehr als im eigentlichen Text. Vieles wird bewusst ausgespart, um die Beziehung nicht zu belasten. Da hilft nur die Beherrschung der chinesischen Sprache[30] oder ein sehr guter Übersetzer. Grundsätzliche Voraussetzungen für den Erfolg sind jedoch:

- eigene Dolmetscher, denn nur diese übersetzen wirklich, was Sie sagen sowie
- deren intensive Einarbeitung ins Thema.

Was Nicht-Dolmetschern oft nicht klar ist: Ein erfolgreiches Übersetzen aus dem Stegreif kann nur erfolgen, wenn man sich im Thema hervorragend auskennt und die Zusammenhänge versteht. Versuchen Sie es einmal: Übersetzen Sie spontan ein komplexes Gespräch vom Deutschen ins Englische oder umgekehrt. Wie viel geht dabei verloren? Und Sie sind immerhin vom Fach! Wie „fit“ kann dann ein Germanist oder Sinologe in Ihrem Fachvokabular sein?

---

[30] *Diese ist übrigens längst nicht so schwierig zu erlernen, wie überall behauptet wird.*

Es ist zwar durchaus erheiternd für trockene, anstrengende Verhandlungen, wenn Fachbegriffe und komplexe Arbeitsprozesse „witzig“ umschrieben werden – jedoch nicht auf Kosten der thematischen Stringenz. Stets lohnt sich der Aufwand, Zeit in den eigenen Dolmetscher zu investieren, damit von Anfang an alles rund läuft. Dies allein schon hebt die Stimmung des ganzen Verhandlungsteams und damit auch die Motivation.

Verhandlungsphase

Eine Cultural Due Diligence ist unerlässlich

In der Vorbereitungsphase trafen zwei Unternehmen aufeinander. Nun sitzen auf einmal viele Parteien an einem Tisch! Manchmal denkt man: zu viele. Zugegeben, so wie viele Köche den Brei verderben, können zu viele Berater ein Projekt unnötig verkomplizieren. **Allerdings bin ich der vollen Überzeugung, dass ein erfolgsrelevanter „Koch“ meist fehlt: der Kultur-Analyst.** Harte Fakten werden in der Due Diligence bis aufs kleinste Detail analysiert und verhandelt. Auf die Kulturunterschiede und die damit einhergehenden Risikofaktoren im PMI geht dagegen niemand ein. Und dies, obschon 90% der M&As an den sogenannten „weichen“ Faktoren scheitern!

In China ist bereits das Sammeln der ‚hard facts‘ für eine normale Due Diligence eine Herausforderung. Doch die eigentliche Schwierigkeit ergibt sich in den Verhandlungen und Meetings: Es fehlt die gemeinsame Begrifflichkeit, das implizite Verständnis für die Aussagen des Anderen. Missverständnisse sind vorprogrammiert. Dafür haben die Chinesen schon ein geflügeltes Wort erfunden: „**Im selben Bett schlafen, aber unterschiedliche Träume haben**.“ Selten werden gemeinsam genutzte Begriffe auf die dahinterliegenden, unbewussten Definitionen überprüft. Noch seltener wird offen über Erwartungen gesprochen. Was bereits bei zwei unterschiedlichen deutschen Unternehmen zu Schwierigkeiten führt, wird in China zu **DEM** Risikofaktor für den Erfolg. Meist scheitert ein konstruktiver Gesprächsaufbau schon an einer simplen Sparmaßnahme: Die deutsche Seite bringt keine eigenen Dolmetscher mit, sondern verlässt sich auf Übersetzer des potentiellen Kandidaten.

Die Aufgaben eines Kultur-Analysten

Eine *Cultural Due Diligence* (CDD)[31] führt am besten ein Kultur-Analyst mit Chinesisch-Kenntnissen durch. Im Fokus der Untersuchung stehen nicht in erster Linie zwischenmenschliche Faktoren und Nationalkulturen, sondern relevante Faktoren für die Kompatibilität der Unternehmenskulturen. Es gibt die Möglichkeit, beide Kandidaten bereits in der Verhandlungsphase ausgiebig zur Firmenkultur zu befragen, doch das ist aus juristischen Gründen oft untersagt und wird von chinesischen Unternehmen vor dem Closing generell nicht gern gesehen. Hier kommt der beobachtende Kultur-Analyst ins Spiel. Neben der Auswertung von Dokumenten wie Broschüren, Websites und Zeitungsartikeln begleitet er die Verhandlungsgespräche, denn die jeweilige Unternehmenskultur läuft als stetiger Begleiter im Hintergrund mit.

---

[31] *Vgl. dazu "Achieving Post-Merger Success. A Stakeholder's Guide to Cultural Due Diligence, Assessment and Integration", by J. Robert Carleton & Claude S. Lineberry;, John Wiley's and Sons, Singapore 2004.*

Diese Aufgabenteilung gibt dem Verhandlungsteam die Möglichkeit, sich ganz auf die Inhalte und Verhandlungsstrategien zu konzentrieren. Derweil widmet sich der Kultur-Analyst den folgenden Fragen:

- Wie wird in beiden Unternehmen entschieden: im Konsens von vielen, oder „top-down“ von einer einzigen bzw. wenigen Personen? Zentralisiert oder dezentralisiert? Schnell oder langsam?
- Sind Entscheidungen „in Stein gemeißelt“ oder werden sie flexibel angepasst oder sogar von Zeit zu Zeit komplett über den Haufen geworfen?
- Was wiegt mehr: Sicherheit oder Risiko? Wie hoch ist die Toleranz gegenüber Unsicherheiten und unvollständigen Informationen?
- Welcher Stil der Gesprächsführung dominiert: der demokratische oder der autoritäre? Kann frei diskutiert und Widerspruch geäußert werden oder nicht?
- Dienen Meetings eher dem reinen Informationsaustausch, der Verkündung von bereits im Vorweg hinter verschlossenen Türen gefassten Beschlüssen oder der Entscheidungsfindung?

- Stehen Technologien und Produkte oder die Kunden im Vordergrund?
- Wie kommuniziert das Unternehmen mit den Mitarbeitern? Vorwiegend schriftlich oder mündlich? Häufig oder selten? Werden klare, detaillierte oder eher generalisierende, offene Mitteilungen gemacht?
- In welchen Bereichen können unterschiedliche Führungsstile zu Störungen führen?

Die Verhandler haben selten die Zeit, auf solche Faktoren näher einzugehen. So bleibt das Wissen unausgesprochen und unvollständig. Der Kultur-Analyst hingegen ist aufgrund seiner Beobachterposition dazu in der Lage, das implizite Wissen zusammenzutragen und zu einem detailreichen Gesamtbild zu bündeln. Seine Aufschlüsse und Erkenntnisse können dann sowohl in die Verhandlungsstrategie als auch in die PMI einfließen. Voraussetzung dafür ist natürlich, dass der Analyst Chinesisch beherrscht und sich mit chinesischen Gepflogenheiten auskennt.

Nur mit der Kultur-Analyse aus einer Hand sichern Sie den Erfolg des M&A

Nur durch eine frühzeitige Analyse der Kultur lassen sich die ehrgeizigen Integrationsziele überhaupt erreichen. Schnell wird klar, ob man auf rein Chinesisch, rein Deutsch Monopoly spielt oder eine Mischform angehen möchte. Die CDD zeigt auf, wie kompatibel beide Unternehmenskulturen sind, wo Sprengpotentiale lauern und wie man dagegen angehen kann.

Generell kann man natürlich auch frühzeitig aus einer Verhandlung aussteigen, wenn man die absolute Inkompatibilität beider Unternehmen feststellen sollte. Oder man verlässt sich auf das erworbene Wissen und die professionelle Arbeit mit und an den Unterschieden.

Wie ein Verhandlungsführer einmal zu mir sagte: „Natürlich wissen wir, dass das chinesische Unternehmen mit dem M&A absolut andere Ziele verfolgt als wir. Jeder mit Menschenverstand Gesegnete würde sagen: Lasst die Finger davon! Wir sind uns aber sicher, dass dieses frühzeitige Abklären und Wissen um die unterschiedlichen Erwartungshaltungen hilft, schnell auf Reibungen zu reagieren. Für einige Themen haben wir bereits einen Maßnahmenkatalog festgelegt.“

Wichtig ist, dass die CDD einen wirklichen Blick hinter die Kulissen gewährt und Sie so Ihre Verhandlungsposition gezielt stärken können. Die Oberfläche Chinas glänzt golden, verspricht viel. Dahinter sieht es meist etwas anders aus, doch das bleibt uns „Langnasen“ oft verborgen. Ein prägnantes Beispiel dafür ist die CEIBS (China Europe International Business School). Die Schule ist in aller Munde, werbemäßig sehr präsent und auf der FT-Liste der EMBAs 2012 Nummer 7. Wenn Ihre Verhandlungspartner einen solchen Titel vorweisen, stehen wir bewundernd davor. Wir unterstellen ihnen natürlich, dass sie persönlich den Schein gemacht haben. Das muss allerdings nicht sein. Viele hochrangige Manager sind nur wegen des Netzwerks an der CEIBS. Die Kurse werden von ihren Sekretärinnen absolviert!

Nur wenn ein Kultur-Analyst von den ersten Verhandlungsgesprächen des M&A bis hin zur Umsetzungsphase der PMI dabei ist, greift ein Maßnahmen-Baustein konsequent in den anderen ein. Denn nur wer bei den Verhandlungen dabei war, weiß um die Vertracktheit des Vertrages. Insofern ist die Teilnahme nicht nur für den Kultur-Analysten wichtig, sondern auch für das PMI-Management, denn jeder Vertrag stellt ein Kompromisswerk dar. **Einige M&As scheitern daran, dass das Umsetzungsteam, das PMI-Management-Team erst nach dem Closing übernimmt.** Bei vielen Themen stolpern sie über die „merkwürdigen" Vereinbarungen und halten sie der anderen Partei vor. Schon ist ein unnötiger Konflikt im Anrollen!

Gerade im misstrauischen China dauert es sehr lange, Vertrauen aufzubauen. Ein Berater, der von Anfang an dabei ist, wird von den Chinesen anerkannt. Und er/sie kennt

- alle involvierten Parteien und Personen,
- die Netzwerk- und Machtstrukturen (die z.B. im Konfliktfall helfen),
- die Eigenheiten des kaufenden und des gekauften Unternehmens.

Dieses fundierte Verständnis für beide Unternehmenskulturen ist insofern maßgeblich für den Erfolg, als es oft weniger nur kulturelle Unterschiede als strukturelle Faktoren sind, welche die Integration erschweren oder sogar verhindern. Darüber hinaus sind „schwierige" Persönlichkeiten, Kapazitätsengpässe und Schwächen im Umsetzungsteam bekannt. Das ermöglicht eine tiefgehende Analyse im Falle eines Konfliktes. Ein solcher Berater gibt dann nicht oberflächliche Ratschläge, die das System irritieren, sondern kann den Betroffenen wirklich helfen. Wer im PMI neu dazu kommt, dem fehlt dafür das Verständnis und meistens auch die Zeit, der Sache auf den Grund zu gehen.

Ein weiterer Pluspunkt für die Verhandlung: Vor lauter Hektik geht oft der Überblick verloren. Auch hier unterstützt die kulturelle Standortbestimmung des Beraters: Was haben wir bereits erreicht und interkulturell kompetent gemeistert? Wo bestehen noch interkulturelle, zwischenmenschliche und strukturelle Herausforderungen? So gehen die wichtigen Lernmomente nicht verloren und können auch ans Unternehmen insgesamt zurückgespiegelt werden.

Folgende Ziele werden durch die CDD erreicht:

- kulturelles Feedback auf die laufende Verhandlung;
- die Definition der größten kulturellen Sprengsätze für die Umsetzungsphase;
- ein detaillierter Maßnahmenkatalog für den PMI.

Für den Erfolg des M&A und der PMI sind jedoch noch weitere Schritte vor dem Closing und Signing notwendig.

Notwendige Weichenstellungen vor Closing und Signing

Frühzeitige Ausbildung der gesamten Belegschaft

Gerade kleine chinesische Unternehmen haben selten eine fundierte Aus- und Weiterbildung der Mitarbeiter etabliert. Wenn, dann werden höchstens technische Fertigkeiten beigebracht. Aber auch diese gilt es kritisch zu überprüfen: reichen sie für die neuen Tätigkeiten aus? Zu sogenannten „soft skills" oder abstrakten Lernthemen besteht selten Zugang – auch weil das Schulsystem auf „multiple choice" beruht. So lernen die Chinesen ab 3 Jahren: Es gibt nur <u>eine</u> richtige Lösung. Das ist fatal für den PMI, wo es darum geht:

- intensiv mit unterschiedlichsten Menschen und Abteilungen zu kommunizieren;
- Eigeninitiative zu ergreifen und über den eigenen Tellerrand hinauszuschauen;
- komplexe Zusammenhänge schnell zu begreifen und zu präsentieren;

- Kreativitätsmethoden für die Erarbeitung neuer Lösungen einzusetzen;
- offene Diskussionen z.B. in Form von Brainstorming zu führen.

Für den Erfolg des PMI ausschlaggebend ist auch der Aufbau des Reportings. Und zwar so, dass wirklich alle – und damit meine ich insbesondere die Abteilungen, wo keiner Englisch versteht – alle Inhalte und Informationen vermittelt bekommen!

Die Handhabung all dieser Themen hängt natürlich maßgeblich von den einzelnen Führungskräften ab. Sitzen überall kommunikative Personen, die die Interessen ihrer Abteilungen so präsentieren können, dass sie Gehör finden? Die aber auch imstande sind, für das übergeordnete Interesse des neuen Unternehmens zurückzustehen?

Darüber hinaus stellt sich auch die Frage, wie hoch die Gefahr ist, dass Führungskräfte und Mitarbeiter des M&A-Kandidaten abspringen. Welche Botschaften müssen lange vor dem Closing gesendet werden, damit

a) die Schlüsselpersonen das Unternehmen nicht verlassen und
b) der M&A zumindest eine Chance eingeräumt bekommt?

Gerade in einem so wechselfreudigen Land wie China ist die Frage noch bedeutender als in Europa.

Top Management Workshop: Building YOUR Culture of Choice

Obwohl noch nichts offiziell ist, rumort es natürlich in beiden Unternehmen. Was wird (mit mir) passieren? Wie groß werden die Veränderungen sein? Werden sie positive oder negative Wirkungen zeitigen? Wer wird gehen, wer bleiben? Umso wichtiger ist es, Gerüchten vorzubeugen und frühzeitig klare Signale in beide Unternehmen auszusenden! Gleichzeitig ist das auch der beste Zeitpunkt, um die Weichen dafür zu stellen, was aus dem Merger wird und wie er künftig intern und extern wahrgenommen, wie über ihn gesprochen wird.

Je nachdem, was Sie als Ziel des M&A definiert haben, werden die Themen dieses Workshops anders gewichtet sein. Streben Sie die hundertprozentige Integration des gekauften Unternehmens an, so wird sich der Maßnahmenkatalog umfangreicher gestalten, als wenn Sie nur Teile integrieren oder dem gekauften Betrieb volle Freiheiten zugestehen wollen. Ist das Ziel Kostensenkung, so werden natürlich andere Interventionen diskutiert, als wenn die Effizienzsteigerung im Vordergrund steht.

Sie haben es jetzt in der Hand, in Abstimmung mit Ihren Zielen die zukünftige Kultur zu formen. Ein stimmiges Bild führt dazu, dass Sie Menschen animieren, dabei zu bleiben, die neuen Chancen zu ergreifen und beim Aufbau der neuen Kultur aktiv mitzumachen. Es gibt den administrativen Abteilungen wie HR auch die Möglichkeit, auf unterschiedlichen Ebenen ins Unternehmen zu kommunizieren, aktiv Maßnahmen zu definieren, um Missstimmungen vorzubeugen. Ein zweiter schöner Motivations-Nebeneffekt für HR: Diese sehen sich als Partner des Topmanagements, weil sie nicht erst dazugeholt werden, wenn's brennt, sondern schon von Anfang an involviert sind.

Zu folgenden Leitfragen sollten in diesem Workshop Antworten gefunden werden:

- Wie wollen wir gewährleisten, dass die ehrgeizigen M&A-Ziele erreicht werden?
- Wie stellen wir den Transformationsprozess im neuen Unternehmen sicher?
- Wie sollen die neuen Unternehmenswerte und -ziele in unsere Vision und Mission einfließen?
- Wie sieht die neue Organisationsstruktur und Führungskultur aus?
- Welche Kernbotschaften wollen wir intern in welchen Zeitabschnitten vermitteln?
- Welche Kernbotschaften wollen wir extern setzen?
- Welche Personen und Gruppen stehen für welche Botschaften?

PMI-Management Workshop: Teambuilding plus Definition der Kernbotschaften und -rollen

Kurz vor Closing und Signing sollte ein Workshop für das PMI-Management arrangiert werden, damit die Umsetzung vom ersten Tag rund läuft.

Das wichtigste Ziel ist, dass das neue Führungsteam zusammenwächst. Wie wird aus verschiedenen Interessensgruppen ein kohärentes Team, das konstant die gleiche Botschaft rüberbringt? Neben dem Team-Building gilt es, die Weichen für die Umsetzung der geschäftsstrategischen Überlegungen und Unternehmenswerte zu stellen. Ziel dieses Arbeitsforums ist es, die Kernbotschaften und Rollen für den Kick-off und danach zu definieren und zu entscheiden, welche Themen erst zu einem späteren Zeitpunkt verfolgt werden sollen. Dazu können auch die Themen und Resultate aus dem Top-Management Workshop herangezogen werden.

Dabei sind folgende Schlüsselfaktoren für die erfolgreiche Integration des gekauften Unternehmens zu berücksichtigen:

- Erfolgsfaktor 1: Zügige Erfolge und effiziente Kommunikation
- Erfolgsfaktor 2: Bilinguale Sprachenkompetenz
- Erfolgsfaktor 3: Strategien zur Vermeidung des „culture clash“
- Erfolgsfaktor 4: Personal mit PMI-Fähigkeiten

Wie sichern wir zügige Erfolge und effiziente Kommunikationsstrukturen?

In China wird ein zügiger Veränderungsprozess bevorzugt. Für Chinesen zählen schnell sichtbare und erlebbare Erfolge. Nichts fürchten sie mehr als ellenlange Meetings ohne Entscheidungen oder unklar verteilte Verantwortungsbereiche. Je eher die Frage beantwortet wird „Was passiert mit mir wann und wieso?“ desto sicherer können wir die Chinesen im komplexen Veränderungsprozess bei der Stange halten.

Dafür braucht es starke Persönlichkeiten, die für den Wandel und die Integration persönlich einstehen und regelmäßig mit allen Ebenen kommunizieren. Offene Diskussionsforen mit dem Topmanagement erweisen sich gerade in China als äußerst hilfreich. Und besonders wirksam sind Geschichten, mit denen sich die neue Wertekultur wirksam verbreiten lässt.

In ganz Asien finden sich beeindruckende historische Belege für den außerordentlichen Wert, den Geschichten und Illustrationen entfalten. Auf diese Weise wurden fremde Religionen wie der Hinduismus und Buddhismus in ganz Südostasien friedlich verbreitet. Besonders geschickt stellten sich die aus dem arabischen Raum stammenden Sufis (Missionare) an: Sie bedienten sich des hinduistischen Schattenspiels (wayang kulit), um den Islam in Indonesien zu festigen.

Ausschlaggebend für den Erfolg des M&A ist der transparente und ehrliche Dialog von Anbeginn. Ein Fehler, der nach wie vor regelmäßig begangen wird, ist die Verkündung der Botschaft:

“Wir lassen Euch so, wie Ihr seid.“

Dieses Versprechen kann aber nur dann eingelöst werden, wenn Sie das erworbene Unternehmen unabhängig führen, d.h. gerade NICHT integrieren. Sind erst einmal falsche Erwartungen geweckt, ist die Enttäuschung gerade in Bezug auf „ehrliche Deutsche“[32] besonders groß, wenn dann doch alles anders kommt. Kein Wunder, dass dann der PMI nicht gleich „fliegt“, sondern der Motor heftig ins Stottern gerät!

Die kommunikative Effizienz ist jedoch eine große Herausforderung. So vieles muss zeitnah und griffig übermittelt werden, und unversehens kann dabei der Überblick verloren gehen. Eine zusätzliche Herausforderung stellt sich in China für jede PMI: Kommunikationsstrategien und -strukturen müssen auf besondere Weise justiert werden, wenn keinerlei oder nur geringe Auslandserfahrung besteht und aufgrund geringfügig vorhandener Englischkenntnisse schon die rein sprachliche Eindeutigkeit beiderseitig von Dolmetschern abhängt. Die Grundregel der Kommunikation unterliegt hier in besonderem Maß

---

[32] *Im Reich der Mitte erwartet man gerade von deutschen Käufern eine besonders hohe Ehrlichkeit. Hier hat auch das überkommene chinesische Konzept der Wahrung des Gesichts seine Grenzen. Sie können also ganz im Sinne des deutschen Volksmundes agieren, der da sagt: „Lieber reinen Wein einschenken“.*

dem Gebot der Kohärenz. Behauptet der Eine dies, der Andere das, so gerät die neue Struktur rasant in Verwirrung. Gerüchte verbreiten sich nicht nur in China schneller als offizielle Mitteilungen!

Nur wenn den Chinesen klar wird, was ihre Vorteile und Benefits sind, sind sie auch bereit, eine „Durststrecke", Unsicherheiten und Mehraufwand in Kauf zu nehmen. Deshalb sollte bis hin zum Pförtner zügig Gewissheit darüber herrschen: Dies sind unsere Ziele, das ist unsere Strategie. Was erwarten wir von jedem Einzelnen in seiner alten und neuen Aufgabe? Welche Rollen werden neu besetzt, welche neu geschaffen? Wer sitzt an den Schnittstellen und wie funktionieren diese? Welche Abläufe werden sich grundsätzlich wandeln und was müssen wir dafür lernen?

Und für die Kunden-orientierten Chinesen ist immens wichtig zu klären: Wie erhalten wir unsere Handlungsfähigkeit insgesamt trotz aller Transformationen? Gerade in China ist dies noch wichtiger als anderswo, weil sowohl chinesische Kunden als auch chinesische Mitarbeiter eher untreu sind. Unklarheiten, Unsicherheiten, Missverständnisse oder gar Konflikte, denen jeder PMI im Überfluss ausgesetzt ist, verstärken eine ohnedies schon ausgeprägte Tendenz zur Fluktuation. Die klare interne und externe Kommunikation stellt sicher, dass Sie die Ihnen wichtigen Botschaften setzen und Ihnen diese nicht vom Kunden, den Medien oder den Behörden „aufoktroyiert" werden.

Haben wir genügend bilinguales Personal und einen professionell ausgebildeten Dolmetscher-Pool?

Ist Englisch tatsächlich eine „Lingua Franca" oder führt gerade der Glaube an die Möglichkeit einer Universalsprache zu Erschwernissen in der internationalen Zusammenarbeit? Ist unser Englisch wirklich so gut, dass wir uns darin wie in der Muttersprache unterhalten können? Häufig genug kann man den Dialog in der Fremdsprache gerade noch in seinem Fachgebiet führen, doch darüber hinaus reicht es kaum für den so wichtigen „Small Talk". Wenn sich Persönliches nicht austauschen lässt, dann fehlt die Beziehungstiefe, die gerade unter Stress viel Unmut verhindern könnte.

Auch im Fachlichen bleiben wir oftmals relativ „flach“, das heißt wir können Zusammenhänge nicht so detailliert und plastisch schildern, wie uns das in der Muttersprache gelingt. Oder uns fehlt das „fine tuning“, und die Botschaften kommen derb an. Wenn sich Chinesen kaum an der Diskussion beteiligen, kann es daran liegen, dass sie kein oder kaum Englisch sprechen. Ein anderer Grund kann aber auch sein, dass sie sich nur grob ausdrücken können und ihnen das ihr kultureller Knigge untersagt.

Darüber hinaus gilt auch heute noch für China: Nur wer die Sprache spricht, kann zu den chinesischen Herzen vordringen. Spätestens an diesem Punkt stellt sich ernsthaft die Frage, ob Englisch wirklich die richtige Sprache für die Post Merger Integration ist. Denn gerade die Einbindung der Abteilungen, in denen keiner Englisch spricht, kommt besonders schleppend voran. Sie bekommen viele Infos nicht oder zu spät mit. Es gibt nicht genügend und nicht genügend gute Dolmetscher. In solchen Fällen ist es dann schwierig zu beurteilen, ob aktuell vorliegende Probleme nur bzw. in erster Linie sprachlich verursacht sind.

„Weil wir nicht die gleiche Sprache sprechen und die Deutschen darüber hinaus schnell und lange Englisch sprechen, kommen die Dolmetscher nicht immer nach oder vergessen Details. Das führt oft zu Missverständnissen, mangelndem Respekt und Misstrauen."

Generell stellt sich die Frage, wie reine Muttersprachler (d.h. diejenigen, die nur Deutsch oder nur Chinesisch können) in Diskussionen integriert werden. Die Deutschen haben sicher kein Problem damit, sich zu melden. Das sieht bei den bescheidenen Chinesen etwas anders aus. Von deutscher Seite hört man viel eher die Klage:

„Was uns im PMI wirklich Mühe bereitet, ist die Sprache. Wir verstehen die chinesische Sprache nicht, viele Chinesen sprechen nur gebrochen oder gar kein Englisch. Dann sind sie auch nicht gewohnt, auf unsere Weise zu kommunizieren, z.B. ein direktes „Ja" oder „Nein" auf eine direkte Frage zu geben. Oder ich erhalte eine ausgiebige Antwort, die mit meiner Frage nichts zu tun hat. Nicht immer sind Dolmetscher vorhanden und deren Qualität ist auch nicht immer optimal."

Muss Ihr deutsches Personal also Chinesisch sprechen, um den Erfolg der PMI nicht zu gefährden? Noch immer begegnet mir in diesem Zusammenhang das nicht ganz triftige Argument, dass man ja auch nicht Polnisch, Portugiesisch oder Schwedisch beherrschen müsse, um in diesen Ländern erfolgreich zu sein. Doch es ist natürlich zu bedenken, dass uns diese Länder wesentlich vertrauter sind und mit uns in weiten Bereichen denselben kulturgeschichtlichen Horizont teilen.

Aufgrund der kommunikativen Komplexität der deutsch-chinesischen PMI macht es mehr als Sinn, bilinguale Manager und Mitarbeiter einzustellen, denn so gehen wichtige Details nicht mehr verloren, die Motivation aller Parteien bleibt erhalten und alle Fähigkeiten kommen voll zum Tragen.

Ein Chinese, der keinerlei bzw. nur gebrochenes Englisch spricht, muss deshalb ja kein schlechter Fachmann sein. Das gleiche gilt für den Deutschen, der kein Chinesisch spricht. Doch auf beiden Seiten sollte Bereitschaft dazu vorhanden sein, die jeweils andere Sprache zumindest rudimentär zu erlernen, um ein besseres Verständnis für das dahinter liegende Denken entwickeln zu können und um den direkten Austausch zu fördern. In dieser Bereitschaft zum Spracherwerb zeigt sich nicht zuletzt der grundsätzliche Goodwill aller Beteiligten, im Gegensatz zu einer arroganten Haltung nach dem Motto: „Nur ihr müsst lernen (und zwar von uns)." Als ideal erweist sich – parallel zum Sprachtraining Englisch und Chinesisch – ein zusätzlicher gemeinsamer Sprachkurs. So baut sich im Team ein gemeinsamer Wortschatz auf. Übrigens: Chinesisch ist nicht so schwer, wie überall behauptet wird, ansonsten könnten nicht 1,34 Mrd. Menschen die Sprache beherrschen.

Darüber hinaus ist es absolut unverzichtbar, auf jeder Hierarchieebene auf Dolmetscher vom Fach zurückgreifen zu können. An diesem Pool darf unter keinen Umständen gespart werden! Entweder Sie greifen dazu auf fachlich ausgebildete bilinguale Personen zurück oder Sie verwenden genügend Zeit, Ihre Dolmetscher „on the job" ins Thema einzuführen. **Denn ich habe zu häufig erlebt, was beim Dolmetschen alles „unter den Tisch fällt"!** „Normale" Germanisten und Sinologen können nicht automatisch technisch komplexe Abläufe aus dem Stegreif übersetzen.

Wie vermeiden wir den „Culture Clash“?

Viele Chinesen verfügen nur über eine sehr limitierte Auslandserfahrung. Da ist es umso zwingender, frühzeitig und umfänglich über Unterschiede der Firmen- und Nationalkulturen zu sprechen. Die Möglichkeiten, mit Ausländern in Kontakt zu kommen, sind zwar in Shanghai massiv angestiegen. 2012 waren dort 200'000 Expats stationiert. Das bedeutet aber beileibe nicht, dass die Chinesen diese Erfahrungen objektiv und konstruktiv verarbeiten. Dazu kommt, dass China ein in sich vielfältiges Land ist und sich nicht wirklich aktiv mit der Kultur anderer Länder auseinandersetzt. Insofern gibt es zahlreiche Vorurteile, aber wenig konkretes Wissen über uns im Westen.

Einige Interkulturalisten vertreten die Meinung, dass interkulturelle Differenzen nur beim Auftreten operativer Schwierigkeiten besprochen werden sollten. Ein zu frühes Thematisieren führe zu unnötigen Stereotypisierungen, quasi zu blinden Flecken in der Wahrnehmung des Gesprächspartners. Man suche dann nur noch nach Bestätigung der Klischees, der einmal gefassten Pauschalurteile und sei nicht mehr für individuelles Verhalten offen.

Ich bin da ganz anderer Meinung. Nach 25 Jahren aktiven Einsatzes in China stelle ich fest, dass sich negative Zuschreibungen und abschätzige Urteile über „die Westler“ eher verbreitet und verfestigt haben. Das hat sowohl mit reellen Arbeitserfahrungen als auch mit dem erstarkten Nationalstolz der Chinesen zu tun. Der Ärger über uns ist teilweise schon so groß, dass in den interkulturellen Inputs oft erst einmal das Pulverfass hochgeht. Hat beim Eintritt in ein westliches Unternehmen keinerlei interkulturelle „Aufklärung“ stattgefunden, werden unsere Aktionen und Reaktionen sehr persönlich und damit übel genommen. Zu schnell verhärten sich die Fronten. Das darf im herausfordernden PMI-Prozess auf keinen Fall passieren!

Zwar kann man heute in fast allen Vision und Mission Statements globaler Unternehmen nachlesen, dass die interkulturelle Kompetenz zur Norm gehöre, doch die Realität weist doch ganz erhebliche Lücken auf. Während zumindest in Großunternehmen die interkulturelle Weiterbildung zum Standard gehört, gibt es bei KMUs (Klein- und mittelständischen Unternehmen) noch viel Nachholbedarf.

Eine wichtige Frage in der Verhandlungsphase ist, ob alle in den PMI-Prozess involvierten Personen internationale oder – das wäre natürlich noch besser – konkrete China- und Deutschland-Erfahrung vorweisen können. Können sie diese aber auch sinnvoll einbringen, d.h. haben sie ihre Erlebnisse professionell aufgearbeitet? Ein Auslandsaufenthalt bedeutet schließlich noch lange nicht, dass man dadurch viel gelernt hat. Wer nur am Arbeitsplatz Chinesen begegnete und sich ansonsten auf die Expat-Community beschränkte, wird am Ende nicht viel von China mitbekommen haben. Missverständnisse, Konflikte und Fehlinterpretationen führen unter Umständen sogar zur Verhärtung von Vorurteilen. Wie könnte eine Person, der es so erging, China noch vorbehaltlos und „von Mensch zu Mensch“ gegenüber treten?

Damit keine unbewussten Vorurteile die Zusammenarbeit belasten, sollte bereits vor dem PMI ein interkulturelles Coaching der Schlüsselpersonen stattfinden. Das stellt sicher, dass persönliche Erfahrungen objektiv verarbeitet werden. Genauso wichtig ist es, gleich nach dem Kick-off im PMI interkulturelle Trainings zur Steigerung der „cultural awareness“ flächendeckend auszurollen, um unter anderem auch der ganzen Mannschaft ein Vokabular für die Kulturgemeinsamkeiten und Unterschiede an die Hand zu geben. Denn nur wer Unterschiede erkennt, kann professionell mit ihnen umgehen.

Ebenso gilt es, frühzeitig Personen zu definieren, die den beruflichen Kulturaustausch „around the globe“ möglich machen. Wer sorgt für die Verbreitung von Informationen, wer für eine Plattform, auf der der Austausch möglich ist? Wer steht für die Aktivierung der virtuellen Vernetzung? Wer kümmert sich um Kultur-Events an verschiedenen Standorten, um die Zusammenarbeit zu verbessern?

Wer bringt Ihren PMI „zum Fliegen“?

Die ehrgeizigen Ziele und Synergiepotentiale eines M&A zu erreichen ist an und für sich schon kein einfaches Unterfangen. In China kommen die Ihnen bereits bekannten Faktoren erschwerend hinzu: unterschiedliche Sprachen, mangelnde Auslandserfahrung, fehlende China- bzw. Deutschlandkompetenz und der Risikofaktor Fluktuation. Die vielen Vertragskompromisse müssen zurechtgebogen und zwei Firmenkulturen zusammengeführt werden. Da sind Widerstände, Missverständnisse und Konflikte von allen Seiten geradezu vorprogrammiert. Dabei alle Sponsoren an Bord zu halten und die ehrgeizigen

Synergieziele des M&A nicht aus den Augen zu verlieren, gleicht einem Seiltanz OHNE Sicherheitsnetz!

Idealerweise bringt das PMI-Management Veränderungserfahrung und Entscheidungsfreude in einem unsicheren Umfeld mit. Besonders hilfreich sind Stärken in der internationalen Kommunikation und der Analyse sowie ein tragfähiges Beziehungsnetz für die unkomplizierte Lösung von „Notfällen". Gerade in China kommt die Rolle als Vorbild, Lehrer und Coach gut an. Denn wir haben es nicht nur auf deutscher Seite mit eventuellen Erfahrungslücken zu tun. Gehören zum PMI-Management-Team Chinesen, so ist zu berücksichtigen, dass diese – eventuell auch bedingt durch häufige Firmenwechsel – kaum Erfahrung mit strukturierten Veränderungsprozessen haben. Zwar ändert sich in China fast alles fast jeden Tag, darauf hat man sich auch eingerichtet. In einem PMI hilft diese chinesische Flexibilität sicher. Noch ausschlaggebender für den Erfolg jedoch ist der Einsatz von systematischen Veränderungstools. Darüber ist in China allerdings noch wenig bekannt. Wer im Team zeichnet also für die Implementierung einer strukturierten Vorgehensweise verantwortlich? Wie lässt sich das Defizit der Chinesen abbauen?

Nicht nur vom PMI-Management-Team werden starke Koordinations- und Kommunikationsfähigkeiten abgefordert. Auch den Mitarbeitern wird einiges abverlangt. All zu schnell kommen Zweifel auf, die ein großes Risiko für den Erfolg des PMI darstellen. Auf einmal ändern sich die gewohnten Berichtswege, ungewohnte Prozesse erfordern einen kräftigen Mehraufwand. Meetings laufen in mehreren Sprachen ab und sind doch nicht immer verständlich. Zeit zum Nachfragen gibt es kaum, denn es muss schnell gehandelt werden. Auch der chinesische Kunde quängelt, da er nicht mehr so bedient wird, wie zuvor. Womöglich zeigt er sich überhaupt nicht bereit, all die Veränderungen mitzumachen. Es ist auch intern nicht sicher, wer bleibt, wer geht. Eine beliebte Führungskraft hat schon den Hut genommen. Die deutsche Art ist auch gewöhnungsbedürftig... Soll man gehen, soll man bleiben?

Im Gegensatz zum PMI-Manager besteht bei Mitarbeitern jedoch immerhin die Hoffnung, dass viele der notwendigen Fähigkeiten erlernbar sind. Doch gerade auf diesem Gebiet gibt es in China unbestellte Felder! Typisch für KMUs in China ist, dass die Mitarbeiter nur „on the job“ und praxisnah angelernt werden. Ausbildung ist zeit- und kostenintensiv, zudem ohne Garantie auf einen entsprechenden „return“. Chinesischen Unternehmern ist der schnelle Gewinn wichtiger, als die unkalkulierbare Investition in Weiterbildung. Dies gilt nicht nur für Betriebe, die mit Wanderarbeitern arbeiten.

Erschwerend hinzu kommt, dass chinesische Unternehmen meist „top down“ kommunizieren. Dies bedeutet, dass Oben entschieden wird und – streng kontrolliert – unten die Ausführung erfolgt. Ein PMI erfordert aber Querkommunikation, eine aktive und unkomplizierte Kultur der Mitteilung über alle Ebenen hinweg. Voraussetzung dafür ist u.a. ein Bewusstsein für kommunikative Eigenverantwortung: Wenn ich nicht selbst initiativ werde und nachfrage oder hinterfrage, dann kommt auch keiner und erklärt es mir. So etwas stellt ein Novum dar für an rigide Formen der Hierarchie gewöhnte Chinesen.

Daran knüpfen sich mehrere Fragen für den PMI:

- Sind die Mitarbeiter an strikte Kontrolle gewöhnt oder hat sich eine offene Fehlerkultur etabliert?
- Muss eine westliche Lernkultur erst etabliert werden?
- Wurde bisher strukturiert oder eher nach dem Prinzip von „trial & error“ gearbeitet?

Fachlich sind viele Chinesen zumeist auf einem passablen bis guten Stand, doch spätestens bei den sogenannten „weichen Faktoren“ hapert es. Insofern muss wesentlich gründlicher und detaillierter an abstraktere Themen wie demokratischer Führungsstil, offene und Fehler orientierte Kommunikation oder interkulturelle und virtuelle Kommunikationskompetenz herangeführt werden. Auch dabei kommt es auf interkulturelles didaktisches Geschick an, denn „weniger“ kann am Anfang durchaus „mehr“ bedeuten.

Fazit: Der „Mindset Change“ ist zwar eine große Herausforderung, aber machbar!

Bereits während der M&A-Verhandlung sollte eruiert werden, ob die Schlüsselpersonen der PMI entsprechende Erfahrungen und Ausbildungen mitbringen. Wenn daran Mangel herrscht, steht die Frage an: Wer vermittelt ihnen diese? Die zusätzliche Ausbildung kann eventuell die chinesischen „Jobhopper“ dazu animieren, bis zum Abschluss der PMI zu bleiben.

Auf Mitarbeiterebene gilt es, schnell die Kommunikationslinien festzuzurren, damit die Informationen in alle Richtungen gesichert sind. Des Weiteren ist festzulegen, welche Ausbildungsthemen zu welchem Zeitpunkt relevant werden. PMI-Botschafter und HR sind wichtige Partner im Vorantreiben des Veränderungsprozesses.

Genauso wichtig für den Erfolg ist aber auch die Präsenz des deutschen Topmanagements in China. Auch wenn alle Umsetzungsebenen noch so kompetent auftreten, wird in China einfach erwartet, dass sich das Topmanagement nicht total herausnimmt. **In vielen komplexen Entscheidungssituationen geht die chinesische Seite sogar davon aus, dass nur der Vorstand konkrete Aus- und Zusagen machen kann** – und zwar vor Ort. Ein Beispiel:

> *Der Manager eines Kunden ist für die Integration eines ehemaligen Joint Ventures ins Mutterunternehmen zuständig. Trotz seines intensiven Einsatzes vor Ort und Gesprächen auf allen Ebenen sieht er sich nach Ablauf eines Jahres noch nicht wesentlich vorangekommen. Schließlich erhält er von chinesischer Seite den Tip, den deutschen Vorstand nach Shanghai*

zu bitten, um mit dem Präsidenten der chinesischen Muttergesellschaft beim Maotai die Beziehungen zu vertiefen. Die deutsche Seite versichert daraufhin dem Umsetzer, dass alle Entscheidungen nach wie vor ganz in seiner Hand lägen: „Machen Sie mal, Herr Meier. Sie treffen alle Entscheidungen. Wir vertrauen Ihnen voll und ganz!".
Erst nach einem weiteren halben Jahr des totalen Stillstands entscheidet sich der Vorstand dann doch noch zu einem Flug nach Shanghai. Nach einem einzigen Abendessen erfolgt die Integration wie am Schnürchen.

KAPITEL 4

HERAUS-FORDERUNG PMI:

WIE MAN „DEN SACK ZUMACHT“

Wie funktioniert ein erfolgreicher Integrationsprozess?

Kommt Ihnen das bekannt vor? Ein Engagement in China scheint “in trockenen Tüchern”, sobald, mit großen Fanfaren, der Vertrag unterzeichnet ist. Schließlich hat man daran ja Monate hart und detailliert gearbeitet. Die Due Dilligence, die Vertragsverhandlung, alles deutsch-präzise gehandhabt und bis zum Tag des Signings perfekt durchgestylt.

Alle sind begeistert – wirklich alle? Stehen Ihre Mitarbeiter 100% hinter diesem großen Projekt? Wie steht es mit den neuen chinesischen Kollegen? Denn soweit sind wir doch dank Globalisierung schon sensibilisiert: So einfach überstülpen lässt sich eine ‘fremde’ Unternehmenskultur nicht.

Risiko 1: Perfekter M&A, aber keine strukturierte PMI

Die Verhandlungsphase ist minutiös geplant und fast so durchgeführt worden. Harte Fakten sind verhandelt, ja selbst die Cultural Due Diligence ist entsprechend berücksichtigt worden. Doch für danach gibt es keinen wirklichen Plan. Das wird die Umsetzungsebene schon hinkriegen! Wir haben ja gute Leute!

Denkste! Jeder, der schon mal an einer Fusionsverhandlung teilgenommen hat, weiß, dass ein Vertrag kein Idealwerk ist. Nur: Die vielen Kompromisse, die in langen Stunden mühselig ausgehandelt worden sind, machen für alle, die nicht Teil davon waren, keinen Sinn. Und damit fällt das „Verkaufen“ schwer. Schnell gewinnen Stimmungsmacher gegen die Fusion Oberwasser. Das gekaufte Unternehmen fühlt sich dominiert, ausverkauft, ungerecht behandelt. Auch die eigene Mannschaft steht dem Ganzen kritisch gegenüber.

Die PMI-Führung muss Teil der Verhandlung sein: Partizipiert zumindest ein Teil der PMI-Führung an der Verhandlung, so ist die Gefahr deutlich verringert, dass sich Missstimmung verbreitet. Sie wissen, worauf die

Kompromisse beruhen, können die „Merkwürdigkeiten“ des Vertrags erläutern und viele Fettnäpfchen umsegeln. Es wird ihnen ermöglicht, Ängste und Sorgen abzubauen. Mit anderen Worten: Sie sorgen dafür, dass der positive Schwung des M&A in den PMI transferiert wird.

Risiko 2: Der chinesische Kontext wird ausgeblendet

Der Wandel der Gesellschaft führt auch in Bezug auf den PMI zu komplett anderen Erwartungshaltungen. Im Hinterland Chinas spielen die Themen Arbeitsplatzsicherheit, Routine und hochwertige Ausbildung noch eine große Rolle. Das verbindet man auch mit dem PMI durch ein deutsches Unternehmen. In der Großstadt hingegen sucht die Jugend abwechslungsreiche „Kost“. Verspricht der PMI, langweilig zu werden oder die eigene Karriereentwicklung zu bremsen, machen sich die *80er* und *90er* schnell von dannen. Der Fluktuation der *M-Generation* kann jedoch mit entsprechend spannenden Konzepten durchaus begegnet werden!

Die *Generation M* empfindet sich als „Nabel der Welt". Die ungeteilte Aufmerksamkeit von sechs Erwachsenen hat ihnen von Kindheit auf das Gefühl gegeben, dass ihre Bedürfnisse immer im Mittelpunkt zu stehen haben. Fühlen sie sich vom Chef vernachlässigt, schwindet die Motivation. Es kann aber auch passieren, dass sie sich bei als ungerecht empfundener Kritik und hoher Belastung – und was ist stressiger als ein PMI-Prozess! – verziehen, weil es ihnen zu viel wird. Da nach wie vor die Tradition vorherrscht, sich über negative Gefühle nicht direkt zu äußern, erfahren wir davon erst, nachdem gekündigt worden ist.

Der Arbeitnehmermarkt China macht eh schon starke Gehaltsanpassungen notwendig. Bei einem PMI sind diese Erwartungshaltungen aber noch verstärkt, insbesondere dann, wenn das Werk vorher „chinesisch"[33] geführt worden ist. Die aktuellen Lohnforderungen für Einsteiger betragen in Shanghai mindestens 4000 RMB. Wenn man im Süden Chinas ein Unternehmen übernimmt, kann das unter Umständen bedeuten, dass alle

---

[33] *Was nichts anderes bedeutet, als dass das chinesische Arbeitsrecht zuvor flexibel gehandhabt und die Regeln nicht immer wirklich eingehalten worden sind, was Gehalt, Arbeitsplatzkonditionen, etc. anbelangt.*

Mitarbeiter und Manager eine Erhöhung von 20% erwarten. Es ist schon vorgekommen, dass die Mitarbeiter erst nach dem Kauf darauf hinwiesen, dass das Unternehmen seit Jahren keine Gehaltsanpassung mehr vorgenommen hatte. Da kommen dann schnell noch einmal zusätzlich 10 – 20% drauf. Wenn wir dafür deutsche Loyalität und deutsches Engagement erhalten würden, wären wir sicher damit einverstanden. Doch das ist nicht unbedingt der Fall. Erwarten Sie keine Dankbarkeit! Trotz der Gehaltserhöhung müssen wir uns mit den zweifelhaften Erfolgen eines Ausbildungssystems herumschlagen, das in erster Linie Gehorsam, Unterordnung und Auswendiglernen schult.

Die ausufernden Ansprüche an eine schnelle Karriere sind auch eine besondere Herausforderung für einen PMI. Mit 35 Jahren muss man in China im Management angekommen sein (in der EU ist das ganze 10 Jahre später!). Deshalb ist von Anfang an HR hinzuzuziehen. Nur eine transparente Personalentwicklung verhindert Jobhopping.

Die neue Leistungs- und Wettbewerbsorientierung hat zwar viele Vorteile – so sollten sich deutsche Kinder vom Ehrgeiz der Chinesen eine große Scheibe abschneiden. Andererseits bringt das aber auch Probleme mit sich, denn wie macht man aus Einzelkämpfern Teamplayer? Jeder einzelne PMI-Manager wird herausgefordert sein, aus seiner Truppe ein Team zu bilden, das nicht nur intern einen offenen Dialog führen, sondern auch extern im Sinne des großen Ziels kommunizieren kann. Einerseits ist es auch den jungen Chinesen nach wie vor wichtig, mit ihren Kollegen gut auszukommen. Das Harmoniekonzept der Chinesen greift aber oftmals nur oberflächlich, ganz im Sinne von „你好 — 我好 " (ni hao – wo hao), was sehr frei übersetzt so viel bedeutet wie: "ich tu dir nix, tu du mir nix". Dabei werden wichtige Themen wie Verbesserungen oder Fehlerkorrekturen leicht unter den Teppich gekehrt – gerade beim PMI fatal.

Strategisches Deutschland-Branding ist ein MUSS!

Einerseits sind mit HR China-spezifische Maßnahmen abzustimmen, um die Fluktuation einzudämmen. Je transparenter und chinesischer die Karrierewege sind, desto geringer wird die Unruhe. Andererseits ist nach wie vor eine große Nähe des Chefs zu den Mitarbeitern – auch nach der Arbeit – notwendig, damit das „Unternehmen Familie" mit Leben gefüllt wird. Auch wenn Abendessen neuerdings nicht mehr so spontan in die

Wege geleitet werden wie früher (zumindest in den Großstädten, wo die Jugendlichen ein lebendiges Freizeitleben genießen).

PMI-Erfolge müssen schnell sichtbar und greifbar werden. Die gut ausgebildete *Generation M* ist nur noch bereit, längerfristig für die ersten 10 der Branche zu arbeiten. Fällt Ihr Unternehmen nicht darunter oder wird als nicht gerade auf der Höhe der Zeit eingestuft, dann ist der Schwund der Mannschaft vorprogrammiert. Sind die Mitarbeiter jedoch davon überzeugt, dass das neue Unternehmen wächst, haben auch „böse“ Stimmen keine Chance mehr. Ganz wichtig ist es deshalb, dass der Fokus des PMI-Managements und aller Unterstützungsfunktionen auf Wachstumskurs und nicht auf Nabelschau gerichtet ist (eine durchaus nicht zu unterschätzende Gefahr bei Deutschen).

Last but not least: Wenn Sie vorhaben, die talentiertesten chinesischen Mitarbeiter in Deutschland ausbilden zu lassen, um ihnen auch das Netzwerken in der Zentrale zu ermöglichen, müssen Sie ihnen das schon schmackhaft machen! Man ist in China ganz schnell weg vom Markt – wohl das größte Risiko bei längerer Abwesenheit. Guanxi sind heute wesentlich kurzlebiger. Man verpasst wichtige Veränderungen und Infos, verliert eventuell Kunden oder andere Ansprechpartner und damit seine Marktstellung. Ebenfalls unattraktiv: Das chinesische Gehalt erlaubt keine großen Sprünge in Deutschland. Unsere Expats werden in dieser Hinsicht in China wesentlich anders behandelt, und das ist den Chinesen sehr wohl bewusst.

Risiko 3: Die Rechnung wird ohne das deutsche Mutterhaus gemacht

Auch in Deutschland hält sich der Enthusiasmus über den M&A meist in Grenzen. Das hat mit der China-kritischen Presse zu tun, und auch mit der manchmal leichtsinnigen Haltung des Topmanagements, die China-Ängste nicht allzu ernst zu nehmen. Resultat ist dann unter anderem, dass die China-Einheit nicht oder nur nachlässig unterstützt wird oder Chinesen, die zur Ausbildung nach Deutschland kommen, mangelhaft betreut werden. Das sollten Sie sich nicht leisten, denn dieser Chinese ist spätestens nach der teuren Ausbildung in Deutschland weg! Oder er ist gar nicht bereit, nach Deutschland zu gehen, denn die nachlässige Betreuung ist heute „common knowledge“ in China.

Anreizsysteme für deutsche Gruppen, die Chinesen konstruktiv unterstützen

Je diffuser die China-Angst im Unternehmen, desto früher und gezielter muss sie abgebaut werden. Es gibt heute in Deutschland genügend Foren und Austauschmöglichkeiten. Noch hilfreicher ist jedoch, wenn die China-Einheit und die deutsche Seite von Angesicht zu Angesicht oder zumindest virtuell aufeinander zugehen können. Hier sind sowohl das PMI-Management, HR Deutschland wie auch die „digital natives" gefragt.

Gleichzeitig sollten Anreize für die Zusammenarbeit geschaffen werden. Was bringt es mir, einem Chinesen etwas beizubringen? Wie werde ich als Person, wie wird die Abteilung bei Erfolg beurteilt, wenn der PMI zum Beispiel im Zeit- und Kostenrahmen bleibt? Genauso wichtig erscheint es mir, Plattformen zu schaffen, wo beide voneinander lernen können – also auch wir von den Chinesen. Hier ist der Widerstand in Deutschland beträchtlich! Erst wenn das Topmanagement dahinter steht, wird es dem Unternehmen gelingen, den Horizont aller Mitarbeiter zu erweitern.

Sobald sich ein Unternehmen China auf die Fahne geschrieben hat, ist ein flächendeckendes China-Branding zu betreiben. Man kann nicht frühzeitig genug damit anfangen, einen Pool von China-Fans und Chinesisch sprechenden Mitarbeitern aufzubauen!

Risiko 4: Die Integration kommt kaum voran

Nach wie vor ist die Fluktuation in China in ausländischen Unternehmen am größten. Über 40% der Mitarbeiter denken an einen Wechsel, wie eine Untersuchung von Zhaopin[34] aufzeigt. Zum Vergleich: dieser Wert liegt bei staatlichen Betrieben bei nur knapp 8%.

Die Gefahr der Fluktuation erhöht sich in einem schlecht geführten PMI noch einmal dramatisch. Was bedeutet schlecht geführt? Nehmen wir an, der PMI kommt nicht vom Fleck, weil der Arbeitsalltag aus endlosen Meetings ohne wirkliche Resultate besteht. Die deutsche Meetingkultur ist für Chinesen besonders ermüdend. Zu vieles kommt sprachlich nicht an. Die Diskussionen gehen

---

[34] *Zhaopin ist die chinesische Online-Börse für Jobsuchende.*

zu sehr in Details, die nicht für alle Teilnehmer relevant sind. Ganz im Gegensatz dazu sind chinesische Meetings stark Chef-orientiert, kurz und bündig. Sie finden oft zwischen Tür und Angel statt.

Wenn dann Entscheidungswege weder transparent sind, noch die Entscheidungen nachvollzogen werden können und die Einführung neuer Prozesse langwierige Weiterbildungen erfordert, verfliegt der anfängliche Enthusiasmus schnell. Alles scheint stillzustehen und der Kunde wird nicht bedient. So etwas strapaziert die Geduld der Chinesen so sehr, dass sie gar nicht lange fackeln und gehen. Dafür sind die Marktbedingungen einfach zu gut. Und der Markt, der Kunde wartet nicht darauf, bis sich das neue Unternehmen „gefunden" hat.

Gerade von deutschen Unternehmen erwartet man, dass sie in Sachen PMI auf dem neuesten Stand sind und hohe Professionalität und Erfahrung mit einbringen. Fehler werden entsprechend „ungnädig" aufgenommen. Dazu kommt, dass gerade chinesische Unternehmen „top down" gesteuert sind. Die Mitarbeiter erwarten weniger eine Einbeziehung in Entscheidungen (das sogenannte Empowerment) als eine starke Führungsmannschaft, die klar sagt, wo's längs geht und schnellstmöglich „business as usual" herstellt. Das bedeutet allerdings keineswegs, dass deutsche Führungsstile nicht eingeführt werden sollten! Sie sollten nur nicht zu Beginn der PMI im Vordergrund stehen, weil dies das neue Unternehmen zu sehr irritiert.

Zügiges Durchführen der Post Merger Integration

Auch wenn in Bezug auf PMIs in China immer wieder gemahnt wird, dass man sich mehr Zeit nehmen sollte, bin ich da ganz anderer Meinung! **Der Wandel ist akzeptierter Teil des Alltags** (im Gegensatz zu Deutschland). Die chinesische Pragmatik und Flexibilität hat zwar auch ihre Schattenseiten, aber für den PMI ist sie genau das Richtige. Die Ungeduld der Chinesen ist einfach zu groß, als dass man sich auf deutscher Seite zu viel Zeit lassen sollte. Der PMI muss zügig durchgeführt werden. Erfolge müssen schnell sichtbar werden, damit die Motivation hoch bleibt und man auch extern mit Stolz erzählen kann, wie es ist, ein Teil des Wandels zu sein. Ein stringentes Management der Milestones ist von erheblicher Bedeutung, damit Gerüchte und Unruhe gar keine Chance haben.

Dennoch ist davon auszugehen, dass die in China übliche Fluktuation die ein oder andere Kalkulation vermasseln wird. Insofern lohnt es sich, schnell Schlüsselpersonen zu bestimmen und sie eng in alle Veränderungsprozesse einzubinden. Für Neueinsteiger muss es klare Trainingspläne geben und für alle eine klare PE. Ebenfalls sollten zusätzliche Ansprechpartner für kritische Themen benannt werden. Da Chinesen sich im Unternehmen gerne „zu Hause fühlen", können Peer-Groups unterstützend wirken – auch gerade, um das Konkurrenzdenken der Chinesen zu mindern. Die zu vermittelnde Botschaft lautet: Kooperation, nicht Konkurrenz werden belohnt.

Risiko 5: Der Mindset-Change bleibt auf der Strecke

Ob Sie entschieden haben, das gekaufte Unternehmen voll oder teilweise zu integrieren oder ob Sie eine Art neues Unternehmen gründen wollen: die Fusion bietet für alle Beteiligten die große Chance dazuzulernen, neue Akzente zu setzen und ungewohnte Vorgehensweisen zu integrieren. Dafür braucht es jedoch ein starkes Umsetzungs-Management.

Auch chinesische Unternehmer machen häufig die Erfahrung, wie schwer es ist, jahrelang etablierte Unternehmenskulturen zu verändern. Berühmt ist der CEO von Haier, Zhang Ruimin, mit seiner anfänglich rabiaten Art des Kulturwandels (nachzulesen in der Harvard Business Review[35]). Genauso kämpfte Lenovos Chef Yang Yuanqing mit der Integration der IBM-Computer-Sparte. In diesem Fall scheiterte der Merger nicht an seinen exzellenten Englisch-Kenntnissen, sondern an drei unterschiedlichen Unternehmenskulturen, die weiter nebeneinander existierten. Bei anderen Unternehmen erschweren der Ausbildungsstandard und die Wissensvermittlung den PMI. So werden deutsche Prozesse nur sehr zögerlich übernommen, weil sie als starr, zu teuer und gewöhnungsbedürftig empfunden werden. Der in Anspruch genommene Zeiteinsatz für das Umlernen ist so enorm, dass ihn die chinesischen Mitarbeiter blockieren.

---

[35] *Haier ist der größte Weißwaren-Hersteller Chinas. Harvard Business Review vom 21.8. 2011 und 9.11. 2007.*

Schnell sind alle dabei, dem anderen Unternehmen die Schuld zuzuweisen und ihre Vorurteile zu pflegen. Sprachbarrieren tragen das Ihre dazu bei. Abhilfe schafft nur eine starke PMI-Führung mit klarer Haltung.

Der Kultur-Berater treibt die Integration strukturiert voran

Zwar kann ein souveränes Umsetzungs-Management der Nervosität entgegensteuern. Bei der Auswahl der Schlüsselpersonen ist daher unbedingt auf die interkulturellen, kommunikativen und zwischenmenschlichen Fähigkeiten zu achten. Die PMI ist zu komplex, die Veränderungen zu nachhaltig, als dass einmal bewährte Patentlösungen ganz nach dem Motto: „Der Schmidt macht das schon!“ greifen könnten. Allerdings sollte man das PMI-Management-Team auch nicht mit unrealistischen Erwartungen überfrachten. Ein Kultur-Berater hat die Expertise, sich ausschließlich um die Integration zweier Unternehmenskulturen zu kümmern und den Mindset Change systematisch voranzutreiben.

Risiko 6: Fehlanzeige beim Werte-Transfer und falsche Schulung

Unternehmenswerte sind immer kontext- und kulturabhängig. Man kann sie so wenig 1:1 übersetzen wie Witze. Sie müssen reflektiert und verständlich definiert werden und zudem mit Bildern, Geschichten, Inhalten angereichert werden, damit die China-Tochter sie nachvollziehen und übernehmen kann.

Eine Vernachlässigung dieses Punktes kann nur als sehr fahrlässig bezeichnet werden, wie eine Untersuchung von *Kelly Services* 2011[36] eindrücklich belegt. Chinesen, die zum Zeitpunkt der Befragung für ausländische Unternehmen arbeiteten, nannten als größte Nachteile: zu 65% die Trennung von Familie und Freunden, zu 15% die Sprache und zu 10% die Kultur. Insbesondere der letzte Wert lässt aufhorchen, liegt er doch mehr als doppelt so hoch wie im internationalen Vergleich (da werden Kulturunterschiede nur zu 4% genannt). Chinesen tun sich mit dem Thema Internationalität und

[36] *Siehe: "2011 Kelly Global Workforce Index – The Future Flow of Talent"; http://article.zhaopin.com/pub/view.jsp?id=186889& cid=2562&pageno=8.*

Multikulturalität noch sehr schwer – nicht nur in sprachlicher Hinsicht.

Darüber hinaus ist die Ausbildungskultur so verschieden von der unsrigen, dass sowohl fachliche wie auch „Soft skill"-Trainings ganz anders aufgebaut werden müssen, um den Knowhow-Transfer zu garantieren. Die Chinesen können zwar pauken wie die Weltmeister. Doch sie haben wesentlich Anderes auf ganz andere Weise gelernt als wir, nämlich: Gnadenloses Auswendiglernen ohne zu hinterfragen; zu schreiben, was die Lehrer oder die Regierung hören möchten; zu werden, was die Eltern sich wünschen. Das fordert sowohl westliche Knowhow-Vermittler wie auch Führungskräfte im Arbeitsalltag ganz schön heraus!

Chinesisch-westliche Ausbildung

Die chinesische Sprache spielt im Rahmen der Ausbildung eine wesentliche Rolle. Unterlagen auf Chinesisch und / oder ein Dolmetscher helfen, das Wissen tatsächlich an Mann und Frau zu bringen. Zu oft ist mir selbst von chinesischen Managern gesagt worden, dass sie auf Englisch nur 30% des Inhalts mitbekommen!

Westliche Lernmethoden jenseits des konventionellen Frontalunterrichts wie das Lösen von Fallbeispielen in Kleingruppen, Simulationen und Rollenspiele kommen auch in China sehr gut an, müssen jedoch gut erklärt werden. Bilderunterlegte Materialien helfen, wichtige Informationen zu verankern.

Eine neue Unternehmenskultur ist natürlich nur dann für die Chinesen nachvollziehbar, wenn die Wertvorstellungen gemeinsam erarbeitet wurden und eine klare Anbindung an die Praxis erfahren, d.h. wenn sie handlungsrelevant umgesetzt werden können.

Welche Aspekte sind für eine gelungene PMI zu beachten?

Das Unternehmen als Familie kommt als Bild in China besonders gut an. Es entspricht der Philosophie vieler deutscher Unternehmen und ist insofern ein guter Ausgangspunkt fürs Branding. Ähnlich wie die Deutschen verbinden die Chinesen mit einem Familienunternehmen Stabilität, Kontinuität, Verlässlichkeit und langfristiges Engagement.

Damit keine Gerüchte aufkommen oder Informationslücken von Hintertreibern der Fusion ausgenutzt werden können ist eine kontinuierliche, schnelle und transparente Kommunikation notwendig. Dazu braucht es einerseits ein exzellentes Führungspersonal: **Die Zweite Liga reicht nicht aus für den Erfolg**, denn die Herausforderungen der PMI sind einfach zu hoch. Andererseits ist auch das Engagement des Topmanagements des Käufers gefragt. Nur wenn es sich aktiv einbindet, glaubt das zu integrierende Unternehmen an die eigene Bedeutung.

Eine PMI-Zeitung und Internet-Plattform machen den Fortschritt für alle sichtbar. Besonders hilfreich sind Erfolgsgeschichten einzelner Abteilungen und Teams, die die positive Entwicklung untermauern. Dazu gehört natürlich auch die Gründungsgeschichte als Identität stiftende Antwort auf die Frage: Wie kam es zu unserer gemeinsamen Fahrt?

Und last, but not least: Ein stringentes Schulungskonzept für alle relevanten Themen und alle Generationen, das die Arbeit nicht behindert.

Handlungsfähig bleiben im Spannungsfeld Kultur – Person – Struktur

Sprengpotentiale für eine erfolgreiche Zusammenarbeit gibt es viele und bei Konflikten ist oft eine Mischung verschiedener Auslöser zu finden, die sorgfältig auseinanderdividiert werden müssen, wenn eine wirkliche Lösung gefunden werden will.

Beispiele für Missinterpretationen im Tagesgeschäft zwischen Deutschland und China gibt es wie Sand am Meer. Die häufigste und prominenteste davon ist, dass beide Seiten das „ja" und „nein" missverstehen. Das führt schnell zu Schuldzuweisungen. Bei komplexen Problemen wird den Deutschen dann Sturheit und Arroganz, den Chinesen Begriffsstutzigkeit unterstellt. Leichtfertig könnte man dann das Problem auf eine vermeintlich unvermeidliche kulturelle Divergenz abschieben. Darüber hinaus gilt es aber zu hinterfragen, ob nicht ganz andere, persönlichkeits- oder strukturbedingte Faktoren, die Zusammenarbeit (mit-) behindern.

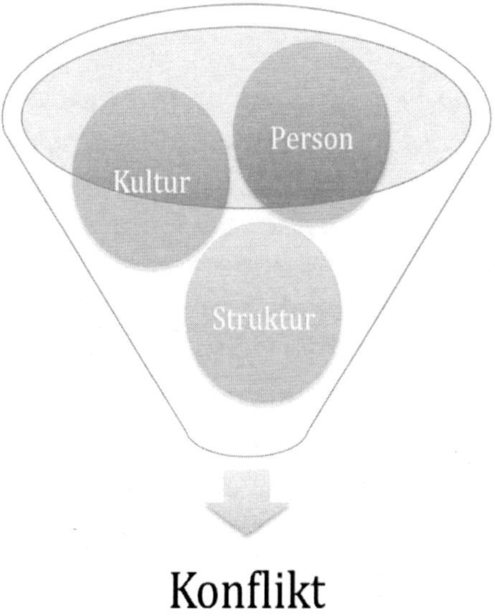

Bei der Analyse von Problemen im PMI ist es gefährlich, nach einfachen Gründen zu suchen (z.B. „Die Deutschen sind schuld!"). Es gilt genau abzuwägen, zu wie viel Prozent beteiligte Kulturen, Personen und Strukturen Anteil am Konflikt haben.

Der Begriff *Kultur* ist in diesem Zusammenhang breit gefasst und umfasst Aspekte wie nationale und regionale Besonderheiten, Geschlechterrollen, Generationenkonflikte, Berufs-, Ausbildungs- und Unternehmenskulturen.

Der Begriff *Person* steht für zwischenmenschliche Gesichtspunkte eines jeden Konflikts. So wird z.B. ein schwieriger Chinese auch in der Zusammenarbeit mit Deutschen nicht einfacher. Persönliche, vor allem negative Erfahrungen mit der Käuferkultur können für Blockadehaltungen per se sorgen. Unterschiedliche Machtansprüche und divergierende Interessen führen zu Spannungen, erst recht, wenn Einzelkämpfer gegen Team-Player antreten.

Der Begriff *Struktur* verweist auf die vielfältigen Herausforderungen und Spannungen zwischen unterschiedlichen Interessensgruppen wie z.B. Finanz versus Marketing, Sales versus Produktion, Muttergesellschaft versus Tochterfirma, etc.. Dieses Konfliktpotential lässt sich täglich in deutsch-chinesischen Joint Ventures beobachten, in denen zwei Mutterfirmen versuchen, ihre Eigeninteressen durchzusetzen – evtl. zum Schaden des JVs. Im Vordergrund stehen Themen wie: Wer hat mehr Macht? Wer hat den besseren Zugang zu Entscheidungsträgern?

Den PMI erschweren zusätzliche Spannungselemente

Wie ich aufgezeigt habe, scheitern viele M&A erst in der Umsetzungsphase, im PMI.

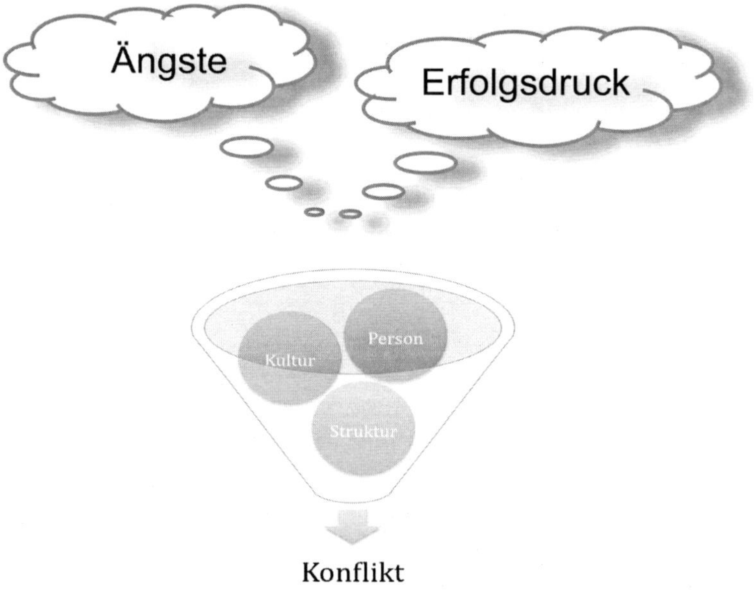

Die Herausforderungen sind nicht nur besonders hoch, weil verschiedene Länder- und Unternehmenskulturen zusammenkommen, sondern weil auch die Ängste aller Beteiligter eine große Rolle spielen. Unter Stress und Erfolgsdruck reagieren wir alle weder offen noch tolerant, sondern sind auf Eigenschutz und evtl. sogar Blockade programmiert. Stehen folgende Unsicherheiten im Raum, reagiert man wohl weltweit egozentrisch und rettet erstmal seine eigene Haut:

- „Was wird aus meinem Arbeitsplatz?"
- „Nach wie vor ist nichts bekannt über die neue Gehaltsstruktur. Sicher wird es beim Alten bleiben oder sogar weniger werden. Gibt's ein anderes Angebot?"
- „Gute Leute sind schon gegangen. Sollte ich da nicht gleich hinterher?"
- „Mein geschätzter Chef ist 'gegangen' worden. Da geh ich doch auch gleich."
- „Wir werden nicht respektiert, sondern einfach nur vom großen Unternehmen geschluckt."
- „Die Veränderungen kann ich meinen Kunden nicht mehr verkaufen."

Damit das nicht passiert, braucht es sprachliche und kulturelle Beratung aus einer Hand. Ist der kulturelle Berater schon als Beobachter und Analyst im M&A eingesetzt worden, fällt es leicht, aufeinander aufbauende Maßnahmen für den PMI abzuleiten, denn beide Parteien, die Risiken des Vertrags und die größten (kulturellen) Spannungspotentiale sind bereits bekannt.

Chinesisch-Kenntnisse – es sei hier noch einmal betont! – haben in China einen außergewöhnlichen Effekt. Ich kenne kein Land, in dem einem in dieser Hinsicht eine solche Dankbarkeit und Neugier entgegenschlägt. Sofort ist eine Brücke geschlagen. Davon profitiert natürlich ein PMI.

Genauso wichtig ist es in der Rolle aber auch, nicht die Interessen einer Partei, also z.B. nur der Chinesen zu vertreten, sondern im ganzen Prozess als unparteiisch und neutral wahrgenommen zu werden. Sollte das nicht gegeben sein, ist eine Intervention im Konfliktfall bestimmt nicht von Erfolg gekrönt.

Ein zusätzliches Plus der frühzeitigen Einbindung des Kultur-Beraters: **der Lerntransfer fürs Unternehmen insgesamt wird sicher gestellt.**

Das 1965 von Bruce Tuckmann vorgestellte Teammodell, das seither in vielen Unternehmen Anwendung findet, geht von vier Zyklen aus: Forming, Storming, Norming und Performing. Dabei fällt ein wichtiger Punkt unter den Tisch:

Welche Schlüsse zieht das Team aus der Erfahrung? Und weiter gefragt: Von welchen Erfahrungen kann das ganze Unternehmen profitieren? Es fehlt hier also ein fünfter Schritt, der Lerntransfer, das „Transforming“.

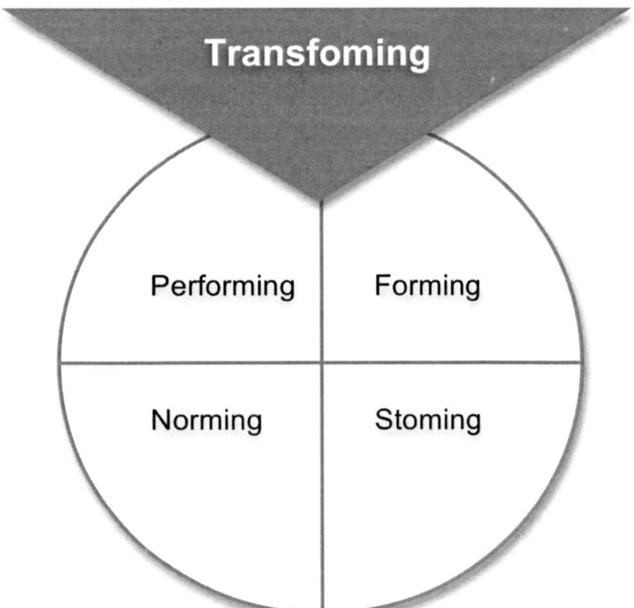

Die einzelnen Stationen der Post Merger Integration[37]

Ich bin mir sehr im Klaren darüber, dass Unternehmen nicht jedes Mal erfreut aufschreien, wenn sie neben all den notwendigen, zeitaufwändigen fachlichen Schulungen, IT-Kursen und der Prozesssynchronisierung auch noch „soft skill"-Trainings durchführen müssen. Aber die Synergien des M&A können nur dann wirklich ausgeschöpft werden, wenn im PMI sofort und stringent die folgende Kette von Seminaren durchgeführt wird.

[37] *KiO = Kick-off Veranstaltung, die die PMI einleitet (direkt an das Signing anschließend), SOA = Self- und Other-Awareness Training, TW = Team-Workshop, MED = Mediation bzw. Konfliktlösung.*

Vom Kick-off über Interkulturelle Trainings und spezifische Team-Workshops bis zur Abschlussfeier

Der Kick-off (KiO) stellt die Weichen dafür, wie der M&A von Anfang an wahrgenommen wird. Nur eine exzellente Vorbereitung erreicht das Ziel, die richtigen Botschaften zum richtigen Zeitpunkt zu senden. Es darf weder zu einem „overload" an Daten noch zu zu wenig Input kommen. Mit aller Sorgfalt muss die richtige Dosierung von Unternehmensdarstellung, konkreter Arbeit an ersten Maßnahmen und Teambuilding-Aktivitäten gefunden werden. Eine ganz entscheidende Fragestellung dabei ist: Wer muss unbedingt am Kick-off teilnehmen? Wie erfährt die übrige Belegschaft von den Inhalten und Entscheidungen?

Absolute Voraussetzung für den Erfolg des Kick-offs ist die Mehrsprachigkeit nicht nur des Moderators, sondern auch anderer Teilnehmer, denn Dolmetschen kann sehr anstrengend sein. Apropos Dolmetscher: Diese sind natürlich auch in Bezug auf den Workshop frühzeitig mit einzubeziehen, damit sie ihre Arbeit gut vorbereiten und professionell erledigen können. Simultan gibt es noch genügend zu übersetzen, aber die Hauptbotschaften müssen auf jeden Fall 1A rüberkommen.

Im Gegensatz zu Deutschen trauern die Chinesen der Vergangenheit nicht groß nach. Sie sind mehr daran interessiert, schnell zu erfahren, welche Veränderungen anstehen und wie sie diese kommunizieren können. Der Kick-off sollte also durchaus mit praktischen „next steps“ enden. Nichts langweilt Chinesen mehr als Selbstbeweihräucherung und endloses Palaver ohne erkenntliches Geschäftsziel.

Die Herausforderung besteht darin, vom Tag 1 an Vertrauen und somit eine tragfähige Arbeitsbeziehung aufzubauen. Gemeinsame Aktivitäten wie Simulationen sind daher ein Muss. Dies mag für deutsche Ohren etwas zu spielerisch klingen. Bei uns „spielt“ man (angeblich) als Erwachsener nicht mehr. Uns ist eingetrichtert worden, dass man nur in ernsthafter Atmosphäre lernen kann. Das ist in ganz Asien anders. Damit der Workshop haften bleibt und nicht als Zeitverschwendung angesehen wird, kommt es auch hier auf die richtige Mixtur von harten & weichen Faktoren, von ernsten und spielerischen Elementen an.

Teil des Kick-offs sollte es sein, sich über Schlüsselpersonen wie die Botschafter und Antreiber des PMIs Gedanken zu machen und zu definieren, wer Teil des Drachenteams ist. Deren Aufgabe besteht darin unbürokratisch und schnell bei plötzlich aufkommenden Schwierigkeiten zu helfen. Sie sollten also auch in Außenstellen verfügbar sein.

Gleich an den Kick-off schließt das **Self- and Other-Awareness-Training (SOA)** an. Das kann durchaus in Form einer flächendeckenden Großveranstaltung oder in mehreren kleinen Aktionen erfolgen. Dieser Input ist gerade für Chinesen von besonderer Bedeutung. Sie sind zwar gewiefte Beobachter, aber da sie vielfach nur über wenig internationale Erfahrung verfügen, fehlen ihnen die Analysetools, die Erlebnisse strukturiert zu verarbeiten.

Natürlich sollte dabei durchaus nicht nur auf Trennendes, sondern auch auf Gemeinsames hingewiesen werden, gerade wenn sich beide Unternehmenskulturen sehr ähnlich sind. Der Hauptfokus sollte auf dem Erkennen möglicher Missverständnisse und Missinterpretationen liegen. Die Erstellung einer Art Leitfaden ist dabei hilfreich, um vor den häufigsten Fallen zu warnen und Checklisten für die Vorbereitung von Meetings, Telefon-Konferenzen und Präsentationen zu haben. Darüber hinaus ist es für das ganze PMI-Team höchst wünschenswert, einen gemeinsamen interkulturellen Wortschatz und damit auch Witz zu erarbeiten.

Team-Workshops (TW) sollten kurz nach dem SOA-Training stattfinden, um die generellen Erkenntnisse aus dem SOA auf reelle Kollegen und die Arbeitswelt zu übertragen. Damit vermeidet man die Bildung von Stereotypen und kulturellen Vorurteilen. Die Team-Mitglieder können sich wieder als Individuen fühlen.

In diesen Workshops steht die Arbeitswelt im Vordergrund und damit die Fragestellung: Wie können wir unsere Unterschiede konstruktiv in die Arbeit einfließen lassen? Wo können wir sogar von den Unterschieden und unserer Diversität profitieren? Wie arbeiten wir effektiv und effizient zusammen? Welche Vereinbarungen wollen wir für welche Themen treffen?

Simultan dazu sollte eine **intensive PMI-Kommunikation** gestartet werden, am besten von einer Person, die Erfahrung in der Gestaltung von Medien und Informationen mitbringt. Ziel dieser Maßnahme ist die feste Etablierung der neuen Unternehmenskultur, einschließlich der Berichte über erste Erfolge.

Sind Konflikte nicht mehr innerhalb des Teams lösbar oder gehen über mehrere Abteilungen hinaus, dann wird eine **Mediation (MED)** erforderlich. Wird der von Anfang an involvierte Kultur-Berater als Mediator eingesetzt, profitiert der Lösungsprozess vom bestehenden Vertrauensvorschuss. Im Gegensatz zu Deutschland erfolgt die Intervention in China nicht am runden Tisch, sondern in getrennten Gruppen. Erst wenn die Themen geklärt sind, ist wieder an eine effektive Zusammenarbeit zu denken.

Ganz wichtig zum Schluss (und eigentlich nicht erst zum Schluss, sondern immer dann, wenn ein Meilenstein erreicht ist): die **Milestone- und Abschlussfeier**. In diesem Punkt können wir ohne jeden Zweifel etwas von den Chinesen lernen! Wie oft vergessen wir vor lauter Arbeit das Feiern? Ein Unternehmen ist nun mal für Chinesen wie eine Familie. Da will man nicht nur hart miteinander malochen, sondern auch mal Spaß zusammen haben. Sie werden staunen, wie hoch die Motivation dann sein wird!

Welche Personen sind – neben dem Kultur-Berater – entscheidend für den Erfolg der PMI?

Das Top-Management des Käufers setzt die entscheidenden Signale für den Erfolg der PMI! Wenn es kontinuierlich Flagge zeigt, ist die interne Motivation gesichert. Deshalb sollten strategische „Wegmarken" definiert werden, an denen gezielt positive Botschaften abgesetzt werden. Das gleiche gilt für heikle Schnittstellen und Milestones des Integrationsprozesses: eine „Hauruck-Rede" von oben kann Wunder bewirken.

Der Botschafter des PMIs sorgt innerhalb beider Unternehmen für gute Stimmung und hohe Motivation. Er hält die Sponsoren und Mentoren up-to-date und informiert die Umsetzungsebene kontinuierlich. Besonders gut kommt es an, wenn diese Person auch für Zwischenfragen (z.B. zwischenmenschlicher Art) zur Verfügung steht.

Das PMI-Management widmet sich in erster Linie den „harten“ Herausforderungen wie der neuen Struktur und der operativen Verzahnung der Bereiche.

Der PMI-Koordinator behält den großen Plan und die Meilensteine im Auge.

Das Drachen-Team ist bei Problemen schnell und unkompliziert zu erreichen. Es sorgt für unbürokratische Unterstützung und raschen Ressourcen-Zugang.

Ein Kommunikator stellt die Fortschritte der PMI ins Netz und in die PMI-Zeitung.

Alle diese Personen müssen einen klaren Ablaufplan für die PMI haben, denn ab dem Kick-off darf es keine Unstimmigkeiten in der Zielausrichtung mehr geben.

LITERATURLISTE / QUELLEN

Yuanshi Bu: *Einführung in das Recht Chinas*, C.H. Beck Verlag, München 2009.

J. Robert Carleton & Claude S. Lineberry: *Achieving Post-Merger Success. A Stakeholder's Guide to Cultural Due Diligence, Assessment and Integration*, John Wiley's and Sons, Singapore 2004.

Johannes Gerds, Gerhard Schewe: *Post Merger Integration: Unternehmenserfolg durch Integration Excellence*, Springer Verlag, Berlin 2011.

Tarun Khanna, Krishna G. Palepu & Phillip Andrews: *Haier: Taking a Chinese Company Global in 2011*, in: Harvard Business Review, 21.8. 2011.

André Laurent: *Organizational Change and Cultural Realities: Franco-American Contrasts*, in: International Studies of Management & Organization, Vol 21, No. 3, ed. by Gelles Amado, Claude Faucheux and André Laurent, 1991.

Mark Leonard: *What does China Think?*, Fourth Estate, London 2008.

Lingyuan Luo: *Die Sterne von Shenzhen*, Deutscher Taschenbuch Verlag, München 2008.

Harro von Senger: *36 Strategeme für Manager*, Carl Hanser Verlag, München 2004.

M. Schädler, R. Krieg, Minyan Luo, C. Müller (Hg.): *Geistiges Eigentum in China. Neuere Entwicklungen und praktische Ansätze für den Schutz und Austausch von Wissen*, Betriebswirtschaftlicher Verlag Gabler, Wiesbaden 2009.

The World Bank and the Development Research Center of the State Council of the People's Republic of China: *China 2030. Building a Modern, Harmonious, and Creative High-Income Society*, Washington DC 2012.

Ming Zeng & Peter J. Williamson: *Dragons at Your Door. How Chinese Cost Innovation is Disrupting Global Competition*, Harvard Business School Press, Boston 2007.

Ruimin Zhang: *Raising Haier*, Harvard Business Review, 9.11. 2007.

Zangzang Zhang, Xiaobo Zhang, Qiang Song et.al.: *China Can Say No: Political and Emotional Choices in the Post Cold-War Era*, Zhonghua Gongshang Lianhe Chubanshe, Beijing 1996. (Nur auf Chinesisch erschienen)

Zhaopin and Kelly Services: *2011 Kelly Global Workforce Index – The Future Flow of Talent*, in: http://article.zhaopin.com/pub/view.jsp?id=186889&cid=2562&pageno=8, 2011.

DIE AUTORIN

Daniela Fehring studierte Sinologie und Geschichte in Zürich und Wuhan. Nach ihrer Tätigkeit für eine Schweizer Bank in Shanghai gründete sie 1996 das Beratungsunternehmen *China Partner* mit Sitz in Kronberg.

Seit über 17 Jahren betreut sie global agierende Unternehmen und Führungskräfte in Europa und Asien als interkulturelle Beraterin, Impulsgeberin und Moderatorin von Post-Merger-Integrationen.